箱詰めもてなしレシピ

いづいさちこ

持ち寄り、差し入れ、おもてなし
お弁当、ピクニック、おせちまで

詰めて楽しむ箱詰め料理67品

誠文堂新光社

作って詰める 箱詰めの楽しみ

おもてなし、というと、なんとなく身構えてしまう方が多いのではないでしょうか。持ち寄りパーティでも、果たして何を作って持って行けばいいのか、悩んでしまう方が多いはず。そんな時の心強い味方が「箱詰め」です。

この本では、重箱や空き箱、かご、ほうろう容器など、さまざまな「箱」に料理を詰めて、おもてなし、持ち寄り、差し入れ、ピクニック、おせちなど、さまざまなシーンで活躍するアイデアとテクニックをご紹介します。箱に詰めることで、普段のおそうざいでも十分におもてなしになることを実感していただけるはずです。

箱詰めには、パズルのような楽しさがあり、うまく詰められた時のちょっとした達成感や、ふたを開けた時のわくわくする気持ちなど、人を夢中にさせる何かがあります。料理やお菓子が箱に詰められることでまた違った眺めとなり、どこか凛とした雰囲気になる不思議さ。それは"箱詰めあそび"とでもいうべく、楽しい時間です。

ふたを開けた時に「わあ!」とうれしい声が聞こえたら、そしてその声にうれしくなる自分がいたら、それはあなたが箱詰めに魅了された合図です。私の箱詰め魅力探求は、まだまだ続きそうです。

いづいさちこ

目次 箱詰めもてなしレシピ

作って詰める 箱詰めの楽しみ 7

1 重箱に詰める

青空の下でピクニック弁当
- にんじんと大根とアスパラのラペ 12
- ひと口サイズのナッツ松風 14
- くるみとレーズンのミートローフ 15

普段のおかずでおもてなし 16
- ひじきと切り干し大根のきんぴら風 18
- ゴーヤーの麸チャンプルー 20
- 揚げないチキン竜田 3種類のマヨソース 20

重箱で楽しむピンチョス 21
- じゃがいもとかぼちゃのガルシア風 22
- ゆで卵のピンチョス ジョルディ 24
- ミニトマトとアボカドのマリネ 24
- 生ハムといちじく 25

重箱の王様 おせち料理 25
- えびとほたてのマヨネーズ炒め 40
- たけのこといちごの白酢和え 39
- クリームチーズとお餅の茶わん蒸し 38
- 重箱を生かした春のお祝い膳 36
- 薬味とアボカドのベトナム風生春巻き 34
- 鶏肉のモロッコ煮 33
- にんじんとズッキーニのベトナム風ゴイ 32
- メキシコ風チリコンカン 31
- 世界の料理を重箱に詰めて 30
- ドライトマトとクリームチーズパテ 28
- ツナとじゃがいものパテ 26
- 黒豆 42
- ナッツごまめ 42
- 扇面ナッツ松風 43
- 漬けなます 44
- 炒めなます 44
- 薬味とチーズの和テリーヌ 45

□ 箱詰めコラム1
重箱に上手に詰めるこつ 46

2 空き箱に詰める

持ち寄りにパテの箱詰め 50
- ドライフルーツとナッツのチーズパテ 52
- かぼちゃとツナのパテ 52
- 豚肉のリエット 52

手作り菓子の贈りもの 54
- ココアマフィン 56
- キャロットケーキ 57

巻きずしの差し入れ 58
- 野菜とくるみのロールずし 60
- サーモンとクリームチーズのロールずし 61
- 生ハムとアボカドのロールずし 62

3 お弁当箱に詰める

箱詰めレッスン 竹かご弁当 66
- サーモンのナッツマスタード焼き 67
- 野菜の浅漬け 67
- ドライフルーツとナッツのみりん漬け 67

4 きっちり詰まった四角い世界

箱詰めレッスン わっぱ弁当
　レモンチキン 69
　にんじんとかぼちゃのナムル 69
　ナッツのバルサミコ酢キャラメリゼ 69
箱詰めレッスン お子様弁当 70
　お手軽オムライス 71
　いろいろショートパスタのサラダ 71

□箱詰めコラム2
箱とお皿の盛りくらべ 72

ボーダー模様のサンドイッチ 76
かぼちゃとツナのパテサンド 77
豚肉のリエットサンド 77
ドライフルーツとナッツのチーズパテサンド 77
箱で焼くお手製テリーヌ 78
　ピスタチオのテリーヌ 79
真ごころを箱詰め 手まりずし 80
　まぐろのづけ手まりずし 82
　鯛の昆布締め手まりずし 82
　薬味とイクラ手まりずし 82
　ハーブ手まりずし 83
　アスパラ手まりずし 83
　桜塩手まりずし 83

5 かごに詰める

手みやげのかご詰め菓子 86
　5種類の彩りサブレ 87
　きなこのポルボローネ風 88
　グラノーラ 89
秋のかご盛りオードブル膳 90
　クリームチーズボール 92
　ジーマーミ豆腐 93
　キヌアと枝豆とミニトマトのサラダ 94
　鶏肉とさつまいものハニーマスタードソース 95
かご盛りのちらしずし 96
　まぐろのづけ 98
　真鯛の昆布締め 98
　薄焼き玉子 99
　酢飯 99
　ちらしずし 99

6 ほうろう容器に詰めて持ち寄り

ほうろう容器で持ち寄りパーティ 102
　ワンタンラザニア 104
　ゴーヤーとパプリカの焼き浸し 106
　押し麦と野菜のグラタン 107
　お手軽参鶏湯（サムゲタン） 108

料理をはじめる前に

- 矢印付きの赤丸数字（例→⑩）はレシピ掲載ページを表します。
- 小さじ1は5㎖、大さじ1は15㎖、1カップは200㎖です。
- 細かい記載のない材料は下記を使っています。
  塩……自然塩
  しょうゆ……濃口しょうゆ
  砂糖……三温糖
  酢……米酢
  酒……米100%の料理酒
  植物油……菜種油や太白ごま油など香りやくせの少ない油
  オリーブ油……エクストラバージンオリーブオイル
  ごま油……香りやこくの強すぎない圧搾、浅炒りのもの
  しょうが1かけ……10g（みじん切りで大さじ1）
  卵……Lサイズ
- 肉や魚には塩と酒で下味を付けます。足りなければ適宜足してください。
- だし汁は昆布やかつお節でとったものを使っています。
- 火加減は特に記載がなければ中火です。
- オーブンは使用前に予熱しておきます。温度や焼き時間は熱源や機種によって異なるため、様子を見ながら加減してください。
- 料理を持ち運ぶ時は、温かいものは冷めてから容器に詰め、暑い季節は保冷剤、保冷バッグの使用をおすすめします。

1 重箱に詰める

重箱が大好きで、わが家のキッチンにはさまざまな重箱が並んでいます。塗りのお重、白木のもの、丸型、桝型などなど。お正月やお節句以外にも、日常的に気軽に使って親しんでいます。ぎゅぎゅっと詰めると賑やかに、少量をゆったりと詰めると品よく見えて、小さな器で仕切るとより盛りやすくなります。

□ 重箱 その1

青空の下で
ピクニック弁当

にんじんと大根と
アスパラのラペ →⑭

ひと口サイズの
ナッツ松風 →⑮

くるみとレーズンの
ミートローフ →⑯

奥の重箱の手まりおにぎりは、薄い塩味ご飯を丸くにぎり、桜塩（P.83）と白ごま、木の芽と白ごまをのせた2種類。

お天気のよい週末に、家族と公園で過ごすことがよくあります。そんな時には、お弁当を持って行きます。時にはちょっとはりきって、こんなピクニック弁当を作ることも。白木の重箱なら、戸外で楽しむカジュアルなシーンにもぴったりです。重箱に麻ひもをかけてふたが外れないようにして、飲みものと一緒に市場かごに詰めて、さあ、お気に入りの公園へ！

にんじんと大根とアスパラのラペ

□ 材料　4人分
にんじん‥‥1/2本(100g)
大根‥‥100g
アスパラガス‥‥2本
ツナ(缶詰)‥‥小1缶(75g)
イタリアンパセリ‥‥1〜2本
A
　塩‥‥小さじ1
　酢‥‥小さじ1
　粒マスタード‥‥大さじ1/2
　植物油‥‥大さじ1/2
くるみ(粗みじん切り)‥‥2個分

□ 作り方

1. にんじんと大根は4〜5cm長さのせん切りにする。アスパラガスは根元のかたい皮をピーラーでむき、細長い乱切りにする。耐熱容器に入れてラップをかけ、電子レンジ(600W)で2〜3分加熱する。
2. アスパラガスの穂先は飾り用に取り分けておく。
3. 軽く油を切ったツナを1に混ぜる。みじん切りにしたイタリアンパセリも混ぜ、Aを加えて和える。
4. 3を器に盛り、くるみを散らす。2を飾り、イタリアンパセリの葉(分量外)をあしらう。

＊にんじんが一番おいしく食べられるのが、せん切りサラダのラペだと思います。野菜は少し歯ごたえが残るくらいがおすすめです。

ひと口サイズのナッツ松風

□ 材料　12個分
（140×110×高さ47mmの流し缶1台分）

A 松風生地
　鶏挽き肉‥‥200g
　玉ねぎ（みじん切り）‥‥40g
　溶き卵‥‥1/2個分
　砂糖‥‥小さじ2
　薄口しょうゆ‥‥小さじ2
　粉山椒‥‥少々
B トッピング
　かぼちゃの種‥‥9個
　くるみ‥‥3個
　アーモンド‥‥3個
　カシューナッツ‥‥3個
イタリアンパセリ‥‥適量

□ 作り方

1　ボウルにAを入れ、手で手早く、しっかりと練り混ぜる（全体がなめらかになるまで）。

2　流し缶（中身を取り出しやすい角型）に1を詰め、平らにならす。切り分けた時に真ん中になるようにBをのせる。

3　オーブンプレートに2をのせ、まわりに湯をはる。160℃に予熱したオーブンで肉がほんのり色づくまで20〜30分焼く。

4　オーブンから出して冷まし、冷めたら流し缶から取り出して切り分ける。イタリアンパセリなど好みのハーブをあしらって盛る。

＊口に頬張るとナッツの香ばしさと山椒の香りがふわり。ナッツの種類やのせ方・切り方を変えると、まったく違った印象になり（P.43）、楽しさが広がります。

流し缶に松風生地を平らに詰め、いろんなナッツをトッピング。カットした時にナッツが取れないように、少し押し込むようにトッピングするのがこつ。

くるみとレーズンのミートローフ

＊くるみの食感とレーズンの甘酸っぱさがアクセント。材料をただ混ぜるのではなく、全体が粘ってくっつき合うまで十分に練り混ぜるとジューシーな仕上がりに。

材料
80×175×高さ60mmのパウンド型1台分

- くるみ(粗く刻む)‥‥25g
- レーズン‥‥25g
- A
  - 合い挽き肉‥‥300g
  - 玉ねぎ(みじん切り)‥‥75g
  - 生パン粉(または乾燥)‥‥1/3カップ
  - 牛乳‥‥約50mℓ
  - 卵‥‥1個
  - 塩‥‥小さじ1
  - シナモンパウダー‥‥小さじ1/3
  - ナツメグパウダー‥‥小さじ1/3
- Bソース
  - トマトケチャップ‥‥大さじ1
  - ウスターソース‥‥大さじ1/2
  - しょうゆ‥‥大さじ1/2
  - 水‥‥大さじ1
  - 有塩バター‥‥10g
- オリーブ油(型用)‥‥少々
- 好みの葉野菜‥‥適量

作り方

1. 生パン粉は牛乳をかけてふやかす。
2. ボウルにAの材料を入れ、手で手早く、粘りが出るまでしっかり練り混ぜる。
3. くるみとレーズンを2に加え、ムラなく混ぜる。
4. 型にオリーブ油を薄くぬり、3を詰めてアルミホイルをかける。160℃に予熱したオーブンで、表面が少し膨らむまで30〜40分焼く。
5. Bを耐熱容器に入れ、電子レンジ(600W)で10〜20秒ほど加熱し、混ぜ合わせてソース状にする。
6. 4を型から取り出し、好みの厚さに切り分ける。好みの葉野菜をあしらって器に盛り、5のソースをかけていただく。

外側は白木で、内側には塗りがほどこされているこの重箱。あらたまったシーンにも、カジュアルなシーンにも使い回しがきく優れものです。

回 重箱 その2

普段のおかずで おもてなし

- ひじきと切り干し大根の きんぴら風 →⑳
- ゴーヤーの麩チャンプルー →⑳
- 揚げないチキン竜田 3種類のマヨソース →㉑

普段のおかずを重箱に詰めるのが、わが家の気軽なお招きスタイル。箱をお膳に見立て、小さな器に少しずつ盛って、松花堂弁当風に詰め合わせます。作り慣れたおかずなら、だれでも気負わずにおもてなしできるはず。白木の清潔感が、さりげないおもてなしにぴったりです。

ゴーヤーの麩チャンプルー

□ 材料　4人分

- ゴーヤー‥‥1/3本
- ランチョンミート‥‥50g
- 麩(乾燥)‥‥10g
- 水‥‥100ml
- 薄口しょうゆ‥‥小さじ1
- 赤・黄パプリカ‥‥各1/4個
- 植物油‥‥大さじ1/2
- 卵‥‥1個
- 塩‥‥少々
- 砂糖‥‥小さじ1
- 薄口しょうゆ‥‥少々
- ごま油‥‥小さじ1
- 削り節‥‥少々

□ 作り方

1. 麩は、分量の水に薄口しょうゆ小さじ1を混ぜたものに5分ほど漬けてもどす。
2. ゴーヤーは縦半分に切って種とワタを取り、7〜8mm厚さの虹形に切る。
3. パプリカは細長い乱切りにする。ランチョンミートは拍子木切りにする。
4. フライパンに2を入れて植物油をまぶし、弱火で5分ほどかけて両面をじっくり焼く。3を加えて2〜3分炒め、汁気を軽く絞った麩も加えて炒め合わせる。
5. 塩と砂糖で味付けし、卵を溶いてまわし入れ、仕上げに薄口しょうゆとごま油を加えてさっと混ぜる。器に盛り、削り節をのせる。

＊麩を入れて食感、味ともに変化させたゴーヤーチャンプルー。麩をしょうゆ水でもどしつつ下味を付けるのがポイントです。ゴーヤーは厚めに切って弱火でじっくり焼くとおいしくなります。

ひじきと切り干し大根のきんぴら風

□ 材料　4人分

- ひじき(乾燥)‥‥10g
- 切り干し大根(乾燥)‥‥10g
- A
  - にんじん‥‥1/2本
  - かぼちゃ(種とワタを取る)‥‥50g
  - 赤パプリカ‥‥1/3個
- ほうれん草‥‥1〜2本
- 植物油‥‥小さじ1
- B
  - 砂糖‥‥大さじ1
  - しょうゆ‥‥大さじ1
  - ごま油‥‥小さじ1
- 白・黒ごま‥‥各少々

□ 作り方

1. ひじきは水でもどす。切り干し大根は200mlの水でもどす。
2. Aは4〜5cm長さのせん切りにする。
3. ほうれん草は4〜5cm幅に切る。
4. フライパンに切り干し大根をもどし汁ごと入れ、弱火でやわらかくなるまで7〜8分煮る。水気を切ったひじきを加えて2〜3分煮て、2と植物油を加えて炒め合わせ、3も加えてさっと炒める。仕上げにBを加えて味を調える。
5. 器に盛り、ごまをふる。

＊わが家の定番おかずです。ほうれん草を加えたら、火を通しすぎないよう気をつけて。ごま油は味の強すぎない、香りのよいものを最後に加えて風味豊かに仕上げます。

揚げないチキン竜田 3種類のマヨソース

◻︎ 材料　2〜3人分

鶏もも肉‥‥2枚
塩‥‥少々
A
　しょうゆ‥‥大さじ1
　みりん‥‥大さじ1
　酒‥‥大さじ1
　しょうがのすりおろし‥‥1かけ分
片栗粉‥‥適量
植物油‥‥大さじ1・1/2
3種類のマヨソース
　マヨネーズ‥‥大さじ3
　牛乳‥‥大さじ1〜1・1/2
　桜塩(P.83)‥‥少々
　カレーパウダー‥‥少々
　ディル(みじん切り)‥‥少々
薬味
　万能ねぎ‥‥2本
　みつ葉‥‥1/4束
　青じそ‥‥2枚
　しょうが‥‥1かけ

◻︎ 作り方

1　鶏もも肉は皮をフォークで刺して穴を開け、塩をまぶす。Aをかけて軽くもみ込み、15分以上漬ける。

2　1に片栗粉を薄くまぶし、植物油をひいたフライパンで皮目を弱火で10分ほど焼く。焼き色がついたら裏返して5分ほど焼く。

3　マヨネーズに牛乳を混ぜて濃度をゆるめ、3等分する。桜塩、カレーパウダー、ディルを混ぜて3種類のソースを作る。桜塩ソースは上にも少々ふる。

4　薬味は、万能ねぎは小口切り、みつ葉は3cm幅に切り、青じそとしょうがはせん切りにする。

5　2を食べやすい大きさに切り、4とともに器に盛る。3のソースを好みでかける。

＊揚げずにフライパンで焼くチキン竜田です。鶏肉を調味料に漬ける前に塩をまぶしておくと、漬け時間が短くても深みのある味になります。

そのままでもおいしいチキン竜田ですが、ソースを添えるとまた違った印象に。3色のソースの色合いも愛らしく、テーブルでのおしゃべりのきっかけにも。

□ 重箱 その3

重箱で楽しむピンチョス

- じゃがいもとかぼちゃのガルシア風 →24
- ゆで卵のピンチョス ジョルディ →24
- ミニトマトとアボカドのマリネ →25
- 生ハムといちじく →25
- ドライトマトとクリームチーズパテ →26
- ツナとじゃがいものパテ →26

テーブルの横の窓には、トランスパレントペーパーで作った色とりどりの星たち。こんな手作りの演出も、お重の中のピンチョスとともに、場を盛り上げてくれます。

ゆで卵のピンチョス ジョルディ

□ 材料　6人分

ゆで卵‥‥1個
ミニトマト‥‥約2個
グリーンオリーブ(種ぬき)‥‥2個
アンチョビ(フィレ)‥‥1枚
丸いクラッカー‥‥6枚
塩‥‥少々
オリーブ油‥‥少々

□ 作り方

1　ゆで卵は6〜7mm厚さの輪切り、ミニトマトとオリーブは3〜4mm厚さの輪切りにする。アンチョビは6等分に切る。
2　丸いクラッカーにゆで卵、ミニトマト、アンチョビ、オリーブを順に重ね、上からピックを刺し、塩とオリーブ油をかける。

＊オリーブとアンチョビの風味がきいて、くせになるおいしさ。クラッカーの代わりにバゲットのスライスでもOKです。

じゃがいもとかぼちゃの ガルシア風

□ 材料　6人分

じゃがいも‥‥1個
かぼちゃ(種とワタを取る)‥‥50g
グリーンオリーブ(種ぬき)‥‥6個
塩、オリーブ油‥‥各少々
カイエンヌパウダー(またはチリパウダー)‥‥少々

□ 作り方

1　じゃがいもは皮をむいて1.5cmの角切り、かぼちゃも同じ大きさに切り、それぞれ2〜3分ゆで、水気を切る。熱いうちに塩とオリーブ油をかける。
2　ピックにオリーブ、じゃがいも、かぼちゃの順に刺し、カイエンヌパウダーを散らす。

＊カイエンヌパウダーやチリパウダーは、唐辛子粉にオレガノ、ガーリック、シナモンなどのスパイスやハーブを混ぜた、いわば"洋風七味"。雰囲気のある辛みを演出してくれます。

生ハムといちじく

◻ 材料　6人分

生ハム(スライス)‥‥6枚
いちじく‥‥1個
ディル‥‥適量
クラッカー‥‥適量

◻ 作り方

1　いちじくは皮をむき、6等分のくし形に切る。
2　クラッカーを割ってグラスの底に入れ、生ハムをたたんでのせ、いちじくを盛り、ディルを添える。

＊いちじくの代わりにいちごや柑橘類でもいいし、セミドライフルーツでもいいでしょう。

ミニトマトとアボカドのマリネ

◻ 材料　6人分

ミニトマト‥‥3個
アボカド‥‥1/4個
イタリアンパセリ‥‥1/2本
塩‥‥少々
オリーブ油‥‥大さじ1

◻ 作り方

1　ミニトマトは8等分に切り、アボカドは1cm角に切り、イタリアンパセリはみじん切りにする。
2　1をボウルに入れて塩とオリーブ油で和え、小さな器に盛る。

＊アボカドは色が変わりやすいので、酸味のあるトマトとすぐに合わせて変色を防いで。小さなスプーンを添えて召し上がれ。

ツナとじゃがいものパテ

□ 材料　6人分

ツナ(缶詰)‥‥小1缶(75g)
じゃがいも‥‥中1個(ツナの約2倍)
マヨネーズ‥‥大さじ1
タイム‥‥1〜2本
バゲット(スライス)‥‥6枚

□ 作り方

1　じゃがいもは皮付きのまま水にくぐらせ、耐熱容器に入れる。ラップをかけ、電子レンジ(600W)で5〜10分加熱して中心まで火を通す。熱いうちに皮をむき、すり鉢ですりつぶす。
2　タイムはみじん切りにする。
3　ツナは油を切って 1 に加えてすり混ぜ、マヨネーズで味を調え、2 も混ぜる。
4　バゲットのスライスにぬり、タイム(分量外)をあしらう。

＊じゃがいもは水で表面を湿らせてから電子レンジにかけると、しっとり仕上がります。バゲットの代わりにクラッカーでもOK。

ドライトマトとクリームチーズパテ

□ 材料　6人分

ドライトマトのオイル漬け‥‥1枚
クリームチーズ‥‥30g
イタリアンパセリ‥‥1/2本
四角いクラッカー‥‥6枚

□ 作り方

1　ドライトマトのオイル漬け、イタリアンパセリはみじん切りにし、スプーンでクリームチーズに練り込む。
2　四角いクラッカーに 1 を対角線までぬり、イタリアンパセリの葉(分量外)をあしらう。

＊ドライトマトのオイル漬けは、ドライトマトを瓶に入れ、オリーブ油をひたひたに注いで塩少々を加えたもの。クリームチーズのコクと相性ぴったりです。

重箱 その4

世界の料理を重箱に詰めて

鶏肉のモロッコ煮 → 32

薬味とアボカドのベトナム風生春巻き → 33

メキシコ風
チリコンカン → ㉚

にんじんとズッキーニの
ベトナム風ゴイ → ㉛

アジアンにメキシカンにモロッコ風、箱詰め料理に国境なし！ グリーンカールなどの葉ものや、香菜や青じそなどのハーブ、レモンやライムなどの柑橘類、チップスなども添えると、重箱の中が賑やかになり、楽しげな印象に。

スパイスが香るチリコンカンは、ご飯にもパンにも合いますが、ビールと一緒に味わうなら、ぜひトルティーヤチップスを添えて。

メキシコ風チリコンカン

□材料　4人分

合い挽き肉‥‥300g
塩‥‥小さじ1/2
酒‥‥大さじ1/2
玉ねぎ(みじん切り)‥‥中1個分
にんにく‥‥1かけ
赤唐辛子‥‥1本
レッドキドニービーンズの水煮‥‥150g
カットトマト(缶詰)‥‥300g
水‥‥100㎖
A
　トマトケチャップ‥‥大さじ1
　ガラムマサラ‥‥小さじ1〜2
　シナモンパウダー‥‥小さじ1〜2
　カイエンヌパウダー(またはチリパウダー)
　　‥‥小さじ1〜2
オリーブ油‥‥大さじ2
イタリアンパセリ‥‥適量

□作り方

1　合い挽き肉に塩と酒をまぶす。

2　フライパンにオリーブ油、にんにく、赤唐辛子を入れ、弱火にかける。ふつふつしてきたら玉ねぎを加え、しんなりするまで5分ほど炒める。

3　2に1、カットトマト、水を順に加えて7〜8分ほど煮た後、レッドキドニービーンズの水煮を加えてさらに煮る。豆がすっかり温まったら、仕上げにAを加え、塩(分量外)で味を調える。イタリアンパセリを添えてテーブルへ。

＊スパイスの風味が融合しておいしさが一層広がります。スパイスの量は好みで加減してください。トマトケチャップを加えると味がきゅっと引き締まります。

にんじんとズッキーニのベトナム風ゴイ

□ 材料　4人分

にんじん‥‥2/3本
ズッキーニ‥‥1本
もやし‥‥100g
青じそ‥‥2枚
ミント‥‥約10枚
ヌクマム（またはナンプラー）‥‥大さじ1
レモン果汁‥‥大さじ1
フライドオニオン‥‥大さじ1
ピーナッツ‥‥10個

□ 作り方

1　にんじんとズッキーニは4〜5cm長さのせん切りにする。もやしとともに耐熱ボウルに入れ、ラップをかけて電子レンジ（600W）で3〜4分加熱する。
2　青じそとミントはせん切りにする。
3　1にヌクマムとレモン果汁をかけて和え、冷めたら2を混ぜる。
4　器に盛り、フライドオニオンと砕いたピーナッツを散らし、ミント（分量外）をあしらう。

＊ゴイはベトナムの定番野菜料理。ヌクマムはレモン果汁と合わせると一気にさわやかな印象になります。ミントは青じそなど他のハーブと合わせて使うのがおすすめ。

テーブルの上には、春から夏は切り紙で作ったモビールを飾り、秋から冬は松ぼっくりや落ち葉で作ったモビールを飾っています。

鶏肉のモロッコ煮

◻ 材料　4人分

鶏もも肉‥‥2枚
塩‥‥小さじ1/2
酒‥‥大さじ1/2
玉ねぎ‥‥1/2個
A
　なす‥‥1本
　ズッキーニ‥‥1本
　かぼちゃ(種とワタを取る)‥‥100g
　赤・黄パプリカ‥‥各1/4個
にんにく‥‥1かけ
赤唐辛子‥‥1本
B
　カットトマト(缶詰)‥‥100g
　水‥‥50ml
　シナモンスティック‥‥1本
　ローリエ‥‥1枚
　カルダモン‥‥2個
オリーブ油‥‥大さじ2
イタリアンパセリ‥‥適量

◻ 作り方

1. 鶏もも肉は2枚とも6等分に切り、塩と酒をまぶす。
2. 玉ねぎは厚いくし形に切り、ばらけないように楊枝でとめる。Aは乱切りにする。
3. フライパンにオリーブ油大さじ1/2をひき、強火で1の両面をさっと焼いて色づけ、取り出す。
4. 厚手の鍋に残りのオリーブ油、つぶしたにんにく、赤唐辛子を入れて弱火にかける。香りが立ったら2、3、Bを加え、ふたをして中火で10分ほど蒸し煮する。煮上がりに塩(分量外)で味を調え、イタリアンパセリをのせる。

＊スパイスが香る具だくさんの煮込みです。モロッコではクスクスを合わせますが、ご飯ともパンとも相性よし。スパイスがそろわなければ、カレー粉少々で代用してください。

薬味とアボカドのベトナム風生春巻き

□ 材料　4人分

アボカド‥‥1個
酢‥‥少々
A
　みょうが‥‥1個
　しょうが‥‥1かけ
　きゅうり‥‥2本
万能ねぎ‥‥2本
バジル‥‥8枚
青じそ‥‥4枚
ライスペーパー‥‥4枚
B マンゴーマヨネーズソース
　マンゴージャム‥‥大さじ1/2〜1
　マヨネーズ‥‥大さじ2
　牛乳‥‥少々
C スイートチリソース
　ヌクマム(またはナンプラー)‥‥大さじ1
　酢‥‥大さじ1
　レモン汁‥‥大さじ1
　砂糖‥‥大さじ1
　水‥‥大さじ1
　赤唐辛子(輪切り)‥‥1/4〜1本

□ 作り方

1　アボカドは皮をむいて8等分のくし形に切り、酢をかける。
2　Aはせん切りにする。万能ねぎは15cmくらいに切る。
3　青じそは2等分に切る。
4　Bの牛乳以外を混ぜる(ジャムの量は好みで加減)。とろみが強ければ牛乳で薄める。
5　Cを混ぜる(赤唐辛子の量は好みで加減)。
6　ライスペーパーをぬるま湯にさっとくぐらせ、ぬれ布巾の上に広げる。手前に2、バジルをのせ、その上に1と3を重ねる。手前からひと巻きし、左右を折り返し、手前から巻き上げる。
7　ひと口大に切り、好みで4か5のソースをつける。

＊薬味の香りが鮮烈なサラダ感覚の生春巻き。自家製のスイートチリソースは、市販品より甘さ控えめのさわやかな味です。

自家製のスイートチリソース(写真下)とマンゴーマヨネーズソース(上)。自分で作ると辛み・甘みが調節できます。

□ 重箱 その5

重箱を生かした春のお祝い膳

―クリームチーズとお餅の茶わん蒸し→36
―たけのこといちごの白酢和え→38
―えびとほたてのマヨネーズ炒め→39

私が持っている重箱の中でも、とりわけ個性的なもののひとつ。骨董市で一目惚れしたものです。やさしい朱色が、いつも楽しい演出をしてくれます。

春には、グリンピースにたけのこ、いちごなど、食材からいつも季節を感じています。さらに春らしさを演出するために、スパークリングワインにいちごを浮かべて。テーブルの花も、春の訪れを感じさせてくれます。

クリームチーズとお餅の茶わん蒸し

□ 材料　直径7.5cmの耐熱器6個分

卵‥‥2個（100㎖）
だし（昆布とかつお節）‥‥300㎖
薄口しょうゆ‥‥小さじ2
クリームチーズ‥‥60g
ベーコン（スライス）‥‥1枚
切り餅‥‥1個
グリンピース‥‥12個

□ 作り方

1　クリームチーズは1.5cm角、ベーコンは1cm四方、切り餅は6等分に切る。
2　ボウルに卵を割り入れ、菜箸で切るように混ぜて卵白と卵黄をしっかり混ぜる。
3　2にだしを混ぜ、目の細かいざるで漉し、薄口しょうゆを加える。
4　耐熱製の器に3を注ぎ分け、餅を入れる。
5　フライパンに2cm深さに水をはり、強火で沸かす。4を並べ入れ、器の上にふたをのせて弱火で6〜7分蒸す。
6　表面が固まってきたら他の具材をそっとのせ、再びふたをして1〜2分蒸す。

＊フライパンで蒸す、蒸し器いらずの茶わん蒸し。やんわり加熱されるのでスが立たず、クリームチーズとお餅の存在感がくせになる一品です。

器の上にふたをのせます。フライパンとふたの間は空いていて大丈夫です。

37

たけのこといちごの白酢和え

□ 材料　4人分

たけのこの水煮‥‥50g
いちご‥‥2個
アスパラガス‥‥2本
木綿豆腐‥‥100g
木の芽‥‥適量
A
　砂糖‥‥大さじ2/3
　酢‥‥大さじ2/3
　薄口しょうゆ‥‥少々
　塩‥‥少々

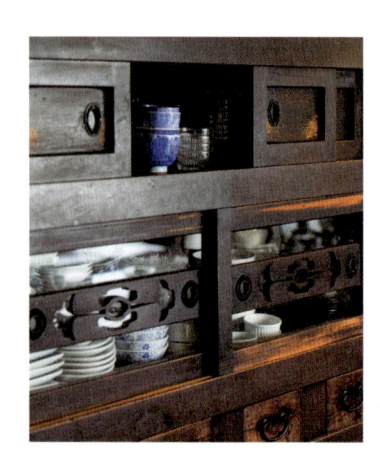

□ 作り方

1　豆腐は耐熱容器に入れ、ラップをかけずに電子レンジ(600W)で2～3分加熱する。取り出してキッチンペーパーに包み、重石をしてしっかり水切りする。
2　たけのこの水煮は1.5cm角に切り、さっと湯通しする。いちごは3～4等分に切る。アスパラガスは根元のかたい皮をピーラーでむき、ゆでて1.5cm幅に切る。
3　すり鉢で1をすり、Aを混ぜて和え衣を作る。
4　食べる直前に2を3で和え、器に盛って木の芽をあしらう。

＊ほんのり酸味のきいた、春らしい白酢和えです。いちごの代わりに秋ならいちじくや柿など、季節のフルーツで楽しめます。あんずなどのドライフルーツでもいいでしょう。

わが家のキッチンの主、水屋。和食器、ガラスの器、ココット、グラタン皿、丸皿などを使い勝手よく収めてあります。

えびとほたてのマヨネーズ炒め

作り方

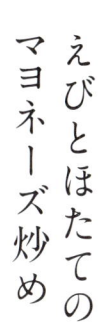

1. むきえびに片栗粉をまぶしてよくもみ込み、水洗いする。キッチンペーパーで水気を拭き取る。丸く曲げて楊枝でとめる。
2. 1とほたて貝柱に塩、酒をまぶす。
3. フライパンに2を入れ、ふたをして弱火で蒸し焼きにする。途中で上下を返して合計3〜4分火を通す。取り出して楊枝を外す。
4. 3のフライパンにマヨネーズを入れて弱火にかける。ふつふつしてきたら3を加えてさっとからめる。
5. 器に盛り、すり鉢ですった花椒をかけ、チャービルをあしらう。

＊えびは楊枝でとめておくと、くるんと形よく仕上がります。マヨネーズは加熱しすぎると液状になってしまうため、手早くからめて。花椒の代わりにカレーパウダーもおすすめです。

材料　4人分

むきえび‥‥8尾
ほたて貝柱‥‥8個
マヨネーズ‥‥大さじ2
塩‥‥少々
酒‥‥大さじ1
片栗粉‥‥大さじ1
花椒(ホアジャオ)‥‥少々(あれば)
チャービル‥‥適量

キッチンのチェストの上には、重箱をメインに、季節ごとにさまざまな道具をディスプレイ。訪れる人を楽しませつつ、私自身も楽しんでいます。

重箱 その6

重箱の王様
おせち料理

黒豆 →㊷
ナッツごまめ →㊷
扇面ナッツ松風 →㊸
漬けなます →㊹
炒めなます →㊹

ピスタチオのテリーヌ →79

薬味とチーズの和テリーヌ →45

えびとほたてのマヨネーズ炒め →39

おせち料理は私にとって、一年を締めくくる大切な仕事。この時ばかりは、クラシックな塗りの重箱や朱塗りの器を使って、おごそかに、華やかに盛り付けます。おせちがおいしく仕上がったら、よき一年となるはず——いつの間にか、そんな願掛けが私の密かな恒例に。

ナッツごまめ

◻ 材料　4人分

ナッツ‥‥20g
（くるみ、アーモンド、カシューナッツなど）
ごまめ‥‥12g
白・黒ごま‥‥5g
A
　砂糖‥‥大さじ1
　みりん‥‥大さじ1/2
　しょうゆ‥‥小さじ1/2

◻ 作り方

1　ナッツとごまめは、それぞれ弱火のフライパンで混ぜながら乾煎りし、バットに取り出す。
2　フライパンにAを入れて弱火にかけ、ふつふつしてきたら1とごまを一気に加えて手早くからめる。
3　熱いうちにバットに広げて冷ます。

＊ナッツをたっぷり混ぜた、香ばしくてコクのあるごまめです。冷めると飴状に固まるので、広げて冷ますのがポイント。

黒豆

◻ 材料　4人分

黒豆‥‥100g
砂糖‥‥125g
重曹‥‥1つまみ
しょうゆ‥‥数滴
熱湯‥‥1ℓ

◻ 作り方

1　鍋に黒豆、砂糖、重曹、しょうゆを入れ、熱湯を注ぐ。ぴったりとふたをして一晩おく。
2　翌日、弱火で3〜4時間煮る。その間、豆が煮汁から顔を出さないよう差し水をする。また一晩おく。
3　翌日、弱火で差し水をしながら1〜2時間煮る。指で押してつぶせるくらいが煮上がりの目安。
4　そのまま器に盛っても、松葉に刺してもよい。

＊甘さ控えめのこの黒豆は、おせち料理でいつも一番人気。お豆が常に煮汁に浸った状態で煮るとしわが寄らず、つややかな美しい仕上がりになります。

扇面ナッツ松風

□ 材料　12個分
（140×110×高さ47mmの流し缶1台分）

A 松風生地
　鶏挽き肉‥‥200g
　玉ねぎ(みじん切り)‥‥40g
　溶き卵‥‥1/2個分
　砂糖‥‥小さじ2
　薄口しょうゆ‥‥小さじ2
　粉山椒‥‥少々
B トッピング
　けしの実‥‥大さじ1/2
　アーモンド(粗みじん切り)
　　‥‥大さじ1/2
　かぼちゃの種(粗みじん切り)
　　‥‥大さじ1/2
　白・黒ごま‥‥各大さじ1/2

□ 作り方

1. ボウルにAを入れ、手で手早く、しっかりと練り混ぜる(全体がなめらかになるまで)。
2. 流し缶(中身を取り出しやすい角型)に1を詰め、平らにならす。表面にBをのせる。半分にはけしの実を散らし、半分にはアーモンド、かぼちゃの種、ごまを散らす(紙で片方を隠しながら行う)。
3. オーブンプレートに2をのせ、まわりに湯をはる。160℃に予熱したオーブンで20〜30分、中心に火が通るまで焼く。
4. オーブンから出し、冷めたら流し缶から取り出す。扇子の形に切り分けて竹串を刺す。

＊お正月らしく扇子の形に切って、持ち手を模して串打ちしました。温かいうちはナッツが取れやすいので、完全に冷めてから切り分けましょう。

炒めなます

□ 材料　4人分

A
- 大根‥‥100g
- 紅大根‥‥100g
- にんじん‥‥100g
- 油揚げ‥‥50g

椎茸‥‥50g
みつ葉‥‥1/2束
白・黒ごま‥‥各大さじ1/2
ゆずの皮(せん切り)‥‥適量

B
- 酢‥‥大さじ2
- 砂糖‥‥大さじ2
- 酒‥‥大さじ2
- 塩‥‥少々

植物油‥‥大さじ1
水‥‥大さじ2
ごま油‥‥大さじ1/2

□ 作り方

1. Aは4×1cmの短冊切りにする。
2. 椎茸は軸を除いて薄切りにする。みつ葉は4cm幅に切る。
3. Bを混ぜる。
4. フライパンに植物油をひき、1と水を入れて中火で3〜4分炒める。椎茸を加え、3を加えて一気にからめ、仕上げにごま油をまわしかける。バットなどに広げて粗熱を取る。
5. みつ葉とごまを加えてさっと和え、器に盛る。ごま(分量外)をふり、ゆずの皮をのせる。

＊炒めて作るコクのあるこのなますは、おせちだけでなく、普段のおかずにもおすすめです。みつ葉は粗熱が取れた頃に加えると、くたっとせずきれいに仕上がります。

漬けなます

□ 材料

A
- 大根‥‥50g
- 紅大根‥‥50g
- にんじん‥‥50g
- きゅうり‥‥50g

りんご(皮付き)‥‥25g
水‥‥100㎖
塩‥‥3g

B 甘酢
- 酢‥‥50㎖
- 水‥‥50㎖
- 砂糖‥‥15g
- 塩‥‥少々

白・黒ごま‥‥各少々
イクラ‥‥適量
ゆずの皮(せん切り)‥‥適量

□ 作り方

1. Bを耐熱容器に入れ、電子レンジ(600W)に1分かけて混ぜる。冷ましておく。
2. 水に塩を溶かす。
3. Aは4〜5cm長さのせん切りにし、2に15〜30分漬ける。
4. りんごもせん切りにする。
5. 3の水分を絞り、4とともに1に漬ける。
6. 器に盛り、ごまをふって、イクラとゆずの皮をのせる。

＊酸っぱすぎない甘酢だから、漬けっぱなしでもおいしく食べられます。りんごは野菜と一緒に塩水に漬けると、絞った時に崩れてしまうので直接甘酢に漬けます。

薬味とチーズの和テリーヌ

□ 材料
80×175×高さ60mmのパウンド型1台分

A テリーヌ生地
　豚挽き肉‥‥200g
　鶏挽き肉‥‥100g
　玉ねぎ(みじん切り)‥‥75g
　卵‥‥1個
　塩‥‥小さじ1
　シナモンパウダー‥‥小さじ1/3
　ナツメグパウダー‥‥小さじ1/3
　ラム酒(ダーク)‥‥大さじ1
B 具材
　プロセスチーズ(1cm角)‥‥40g
　万能ねぎ(小口切り)‥‥2本分
　みつ葉(せん切り)‥‥1/4束分
　しょうが(せん切り)‥‥1かけ分
　イタリアンパセリ(せん切り)‥‥2本分
オリーブ油(型用)‥‥少々

□ 作り方

1　Aをボウルに入れ、手で手早く、しっかりと練り混ぜる。
2　Bを加えてムラなく混ぜる。
3　型にオリーブ油をぬり、2を詰める。型にアルミホイルをかける。
4　3をオーブンプレートにのせ、まわりに湯をたっぷり注ぐ。160℃に予熱したオーブンで30〜45分、竹串を刺して透き通った肉汁が上がってくるまで蒸し焼きにする。
5　オーブンから出し、熱いうちにアルミホイルの上から重しをして冷ます。粗熱が取れたら重しを取り、冷蔵庫で3〜4時間冷やして落ち着かせる。
6　型から取り出し、1〜2cm厚さに切り分ける。飾りの葉をあしらって盛り付ける。

＊薬味がふわりと香る、和を感じるテリーヌです。上の写真の奥の1枚は、具材違いのピスタチオのテリーヌ(P.79)。2種類あるとおせちが華やかになります。

□ 箱詰めコラム1

重箱に上手に詰めるこつ

重箱に詰めるのは難しそう——そんなイメージを持つ人も多いのでは？　初めてでも上手にできる詰め方のこつをおせち料理を例にとってお伝えしましょう。

おせちには、縁起をかつぐ意味合いのある飾りの葉がよく使われます。色合いのアクセントになるだけでなく、殺菌や防腐の効能もあります。

3 和えもの類は、色合いを意識しながら、山高に盛り付け、イクラやゆずなどを天盛りに。

2 おせち料理の代表的な飾りの葉の一例。左上から右へ、大笹、万両、千両、くま笹、南天、松。

1 重箱の中を小さな器で仕切ると詰めやすくなる。盛り込む料理をイメージしながら、漆器、陶器、ガラス器などを配置。

6 朱塗りの器とえびなど、色味の似た料理を盛る時には、飾りの葉を間にはさむと緑色が効いてメリハリがつく。

5 テリーヌ類は1〜2cm厚さに切り、断面が見えるよう、少しずつずらしながら盛り付ける。

4 練りものや焼きものは、食べやすい大きさに切り分けて串を打つ。下に葉を敷き、取りやすいように立体的に盛る。

9 最後に全体のバランスを見て、空いているところに飾りの葉をあしらう。何種類か使うと、より華やかになる。

8 ふっくらと炊けた黒豆に松葉を刺せば、かわいらしい松葉黒豆に。下に葉を敷いて底上げして盛るといい。

7 黒豆やごまめなど小さな食材を使った料理には、とりわけ小器が重宝。器に入れて箱に収めれば、汁もこぼれない。

KAKAO-STUBE
HANNOVER
FRIEDRICH BARTELS
D. BARBERO
VENDITA
SPECIALITÁ DOLCIARIE

2 空き箱に詰める

お気に入りで、なんとなくとってある空き箱。部屋の片隅に置いてあるだけで、出番を逃していることも多いのでは？ そんな空き箱たち、実はちょっとした贈りものや差し入れ、持ち寄りにぴったりなんです。箱のデザインの愛らしさと相まって、きっとすてきなシーンを演出してくれるはず。

空き箱 その1

持ち寄りに パテの箱詰め

― ドライフルーツと
ナッツのチーズパテ → 52
― かぼちゃと
ツナのパテ → 52
― 豚肉のリエット → 52

持ち寄りパーティやさり気ない手みやげ用にパテをよく作ります。カップに入れて、お気に入りのクラッカーやバゲット、ハーブと一緒に空き箱に詰め、ワインとともにかごに入れてお届けしましょう。

豚肉のリエット

□材料　4人分

豚バラ肉(ブロック)‥‥200g
A
　｜塩、酒‥‥各少々
　｜エルブ・ド・プロヴァンス‥‥小さじ1/2 (あれば)
玉ねぎ(薄切り)‥‥50g
水‥‥150〜200㎖
ローリエ‥‥1枚
ラム酒(ダーク)‥‥少々
オリーブ油‥‥小さじ1
ディル‥‥適量

□作り方

1　豚バラ肉は3cmの角切りにし、Aをまぶす。
2　フライパンにオリーブ油をひき、中火で玉ねぎを2〜3分炒める。1を加え、肉の表面が白っぽくなる程度にさっと焼く。
3　圧力鍋に2、水、ローリエを入れ、肉がやわらかくなるまで10〜15分煮る。粗熱を取る。
4　3から肉を取り出し、フードプロセッサーでペースト状にし、ラム酒を混ぜ、塩(分量外)で味を調える。
5　容器に詰めてディルをのせる。

＊エルブ・ド・プロヴァンスはローリエ、タイム、オレガノ、バジルなどの香り豊かなハーブがブレンドされたドライミックスハーブ。ほんの少量でぐっと風味がよくなり、1度使うと手放せない調味料です。

ドライフルーツとナッツのチーズパテ

□材料　4人分

ドライフルーツ‥‥30g
(あんず、いちじく、レーズン)
ナッツ‥‥30g
(くるみ、アーモンド、カシューナッツ、かぼちゃの種)
クリームチーズ‥‥100g
ラム酒(ダーク)‥‥好みで少々

□作り方

1　ドライフルーツとナッツは粗く刻み、スプーンでクリームチーズに練り込む。ラム酒を混ぜる。
2　容器に詰め、粗く刻んだドライフルーツとナッツ各少々(分量外)をのせる。

＊果物の甘酸っぱさとナッツの香ばしさをクリームチーズで包みます。お好みで砂糖を20gほど加えると、デザート感覚で楽しめます。

かぼちゃとツナのパテ

□材料　4人分

かぼちゃ(種とワタを取る)‥‥100g
水‥‥大さじ1/2
ツナ(缶詰)‥‥小1缶(75g)
マヨネーズ‥‥大さじ1〜2
ピンクペッパー‥‥適量

□作り方

1　かぼちゃは皮をむいて3cm角に切り、耐熱容器に入れる。水を加えてラップをかけ、電子レンジ(600W)で5分ほど加熱する。すり鉢ですりつぶす。
2　1に油を切ったツナを加えてすり混ぜ、マヨネーズで味を調える。
3　容器に詰めてピンクペッパーをのせる。

＊かぼちゃは水を加えて電子レンジにかけると、しっとり仕上がります。

かぼちゃとツナのパテ　　　ドライフルーツとナッツの　　　豚肉のリエット
　　　　　　　　　　　　　　チーズパテ

バゲットのスライスやクラッカーにたっぷりぬって、パーティのオードブルに。おやつにもどうぞ。

□ 空き箱 その2

手作り菓子の贈りもの

ココアマフィン → 56
キャロットケーキ → 57

お気に入りの空き缶に詰めた焼き菓子の贈りもの。ドライフラワーのミニブーケを添えて。

ついつい頭を悩ませがちなのが、贈りもののラッピング。缶の上に四角く切ったワックスペーパーをのせ、缶と同色のひもをかければ、シンプルでさり気ない雰囲気に。

ココアマフィン

□ 材料　直径75mmのプリン型6個分

A
　ココアパウダー(無糖)‥‥20g
　薄力粉‥‥150g
　ベーキングパウダー‥‥小さじ1/2
卵‥‥1個
砂糖‥‥60g
菜種油‥‥60㎖
牛乳‥‥60㎖
B
　くるみ‥‥6個
　アーモンド‥‥3個
　カシューナッツ‥‥3個
　かぼちゃの種‥‥24〜30個
　オレンジピール(角切り)‥‥小さじ1/2
　ピンクペッパー‥‥小さじ1/2

□ 作り方

1　Aの材料をボウルに入れる。
2　別のボウルに卵と砂糖を入れ、ハンドミキサー(なければ泡立て器)でもったりするまで混ぜる。
3　2に菜種油を少しずつ加えながら混ぜ続ける。牛乳も加えてさっと混ぜる。
4　1を3に加え、ゴムべらで粉気がなくなるまでさっくり混ぜる。
5　型にマフィン用グラシンペーパーを敷いて4を入れ、Bをのせる。
6　170℃に予熱したオーブンで15〜20分焼く。型から取り出し、ケーキクーラーにのせて冷ます。

＊ココアパウダーをたっぷり使った、ほろ苦いカップケーキ風のマフィン。粉類を加えてからは混ぜすぎず、さっくりと混ぜるのがポイント。生地のふくらみがよくなります。

アイシングや溶かしたチョコレートをかけ、アラザンをちりばめると一気に華やかに！バレンタインにいかが？

キャロットケーキ

材料
80×175×高さ60mmのパウンド型1台分

にんじん‥‥75g
A
　薄力粉‥‥120g
　全粒粉‥‥30g
　ベーキングパウダー‥‥小さじ1/2
　シナモンパウダー‥‥少々
卵‥‥1個
砂糖‥‥60g
菜種油‥‥60㎖
牛乳‥‥50㎖
B
　くるみ‥‥5個
　アーモンド‥‥5個
　カシューナッツ‥‥5個
　かぼちゃの種‥‥20個
C
　生クリーム‥‥50㎖
　ヨーグルト（無糖プレーン）‥‥50㎖

作り方

1. にんじんはフードプロセッサーで細かくするか、すりおろす。
2. Aの材料をボウルに入れる。
3. 別のボウルに卵と砂糖を入れ、ハンドミキサー（なければ泡立て器）でもったりするまで混ぜる。
4. 3に菜種油を少しずつ加えながら混ぜ続ける。牛乳も加えてさっと混ぜる。
5. 1と2を4に加え、ゴムべらで粉気がなくなるまでさっくり混ぜる。
6. オーブンシートを型に合わせて切って敷き込む。5を入れて平らにならし、Bをのせる。
7. 170℃に予熱したオーブンで30〜40分焼く。表面が少し割れてきたら焼き上がり。
8. 型から取り出してケーキクーラーにのせて冷まし、好みの厚さに切る。Cを混ぜて泡立てたクリームをかけ、シナモンパウダー（分量外）をふる。

＊バターではなく菜種油で作る、しっとりとしてやさしい味のケーキです。にんじんの代わりにかぼちゃなどでも作れます。

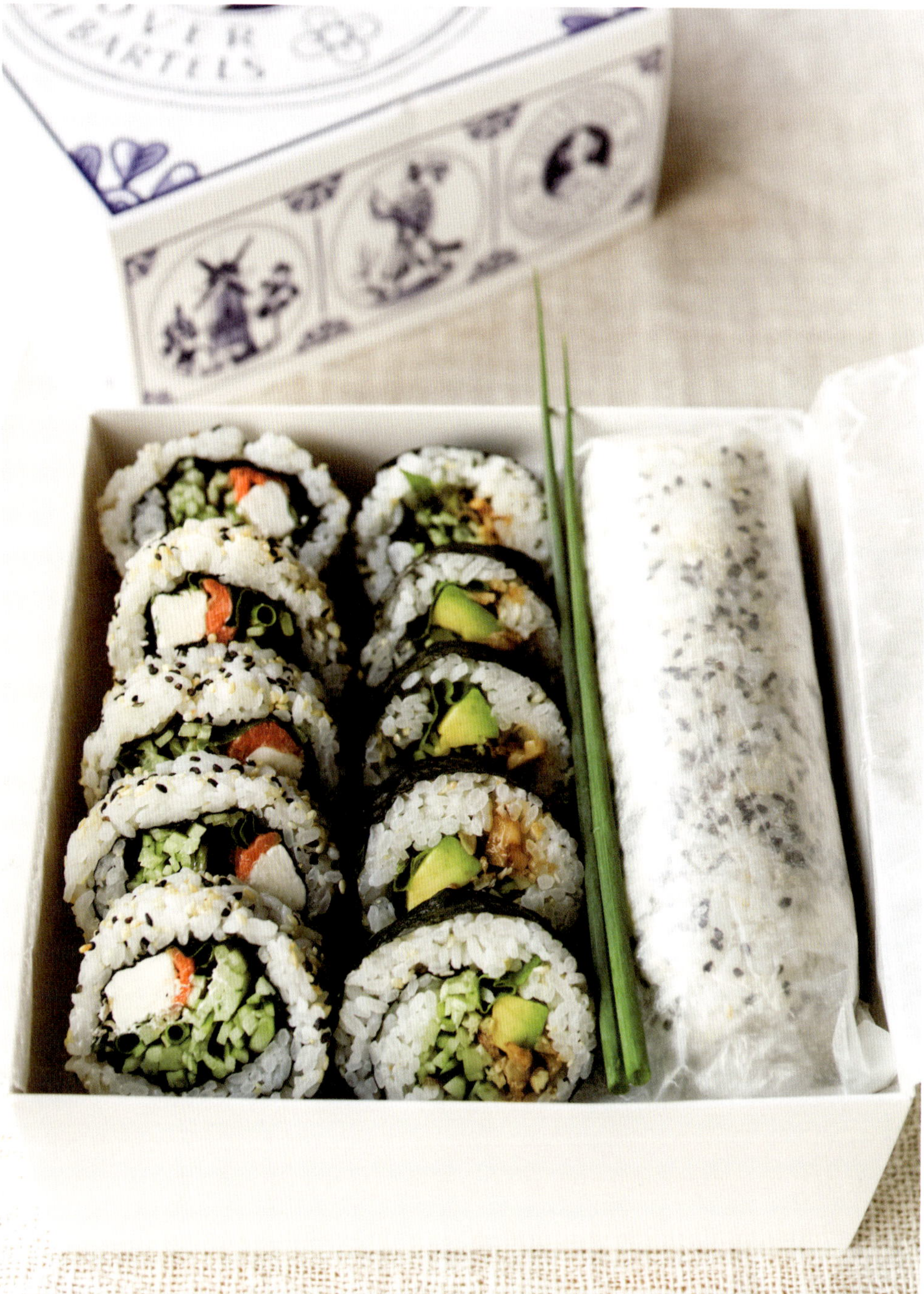

□ 空き箱 その2

巻きずしの差し入れ

—野菜とくるみのロールずし↓60
—サーモンとクリームチーズのロールずし↓61

巻きずしは、日本生まれのフィンガーフード。空き箱に詰めて、差し入れに持って行きましょう。ご紹介するのは、スモークサーモンやくるみ、そして野菜をたっぷり巻き込んだサラダ感覚の海苔巻き。こんな個性派なら、きっと話も弾むはず。飾り葉の代わりに、万能ねぎをあしらって。

野菜とくるみのロールずし

□ 材料　1本分(8カット)

きゅうり(せん切り)‥‥1/2本分
しょうが(せん切り)‥‥少々
みょうが(薄切り)‥‥少々
万能ねぎ‥‥1本
くるみ(粗みじん切り)‥‥10g
しょうゆ‥‥小さじ1/3
砂糖‥‥小さじ1/3
アボカド‥‥1/4個
酢‥‥少々
青じそ(半分に切る)‥‥1枚分
海苔‥‥1枚
酢飯(P.99)‥‥1/2合分

□ 作り方

1　くるみにしょうゆと砂糖をかけてからめる。アボカドは2等分のくし形に切り、酢をまぶす。万能ねぎは海苔の幅の長さに切る。
2　巻きすの上に海苔を置く。
3　海苔の1/4程度の大きさの容器を軽く水でぬらし、酢飯の1/4を薄く平らに入れる。これを逆さにして2の上に酢飯をのせ、さらに3回繰り返して酢飯を全体にのせる(a)。スプーンで手前と奥1cmを残して広げる。
4　手前の酢飯の上に、きゅうり、しょうが、みょうが、万能ねぎ、くるみを順にのせる。その上にアボカド、青じそを重ね(b)、青じそで具材を押さえながら海苔で具材を巻き込み(c)、軽く押さえて形を落ち着かせる(d)。
5　4を芯にして残りを巻く(e：巻きすは巻き込まない)。巻きすで押さえて形を整える。fが巻き上がり。
6　8等分に切る。

＊しょうゆと砂糖をからめた甘じょっぱいくるみがアクセントです。

□ 表巻きロールの巻き方

● 容器で酢飯をのせると手にくっつかず、酢飯の扱いがぐんとラク。1回ごとに型を水でぬらす。
● 酢飯を広げる時は海苔の手前と奥を1cmずつ空ける。手前1cmは具材を巻きやすくし、奥1cmは巻き終わりの糊しろの役割。

サーモンとクリームチーズのロールずし

□ 材料　1本分(8カット)

スモークサーモン(スライス)‥‥約2枚
クリームチーズ(拍子木切り)‥‥30g
きゅうり(せん切り)‥‥1/2本分
万能ねぎ‥‥1本
ディル‥‥1〜2本
青じそ(半分に切る)‥‥1枚分
海苔‥‥1枚
酢飯(P.99)‥‥1/2合分
白・黒ごま‥‥各小さじ1

□ 作り方

1　万能ねぎは海苔の幅の長さに切る。
2　巻きすの上にラップを敷き、海苔を置く。
3　野菜とくるみのロールずし(右ページ)の3の要領で海苔の上に酢飯をのせ、スプーンで手前1cmを残して広げる。ごまを全体に散らし(a)、右端か左端を持って裏返す(b)。
4　海苔の手前を1cm空けて、きゅうり、万能ねぎ、ディルを順にのせる。その上にクリームチーズ、スモークサーモン、青じそを重ね、青じそで具材を押さえながら海苔で具材を巻き込み(c)、軽く押さえて形を落ち着かせる(d)。
5　4を芯にして残りを巻く(e：ラップと巻きすは巻き込まない)。再びラップをかけて巻きすで押さえて形を整える。fが巻き上がり。
6　8等分に切る。

＊ごまをたっぷりまぶしたカリフォルニアロール風の裏巻き。包丁をぬらしながら切ると、酢飯がつかずにきれいに切れます。

□ 裏巻きロールの巻き方

- 海苔が内側、酢飯が外側になるのが裏巻き。巻きすとラップの両方を使うのがこつ。
- 裏巻きは手前1cmだけを空け、奥は最後まで酢飯をのせる。
- ラップまで巻き込まないよう注意。

生ハムとアボカドのロールずし

□ 材料　1本分(8カット)

生ハム(スライス)‥‥約2枚
アボカド‥‥1/4個
酢‥‥少々
きゅうり(せん切り)‥‥1/2本分
イタリアンパセリ‥‥1〜2本
万能ねぎ‥‥1本
青じそ(半分に切る)‥‥1枚分
海苔‥‥1枚
酢飯(P.99)‥‥1/2合分
好みのハーブ‥‥適量

□ 作り方

1　アボカドは2等分のくし形に切り、酢をまぶす。万能ねぎは海苔の幅の長さに切る
2　野菜とくるみのロールずし(P.60)の2・3と同様に海苔の上に酢飯を広げる。
3　手前の酢飯の上に、きゅうり、万能ねぎ、イタリアンパセリを順にのせ、その上に生ハム、アボカド、青じそを重ね、野菜とくるみのロールずしの4・5と同様に巻く。
4　8等分に切る。好みのハーブをあしらって盛ってもよい。

＊生ハムの塩気とアボカドのコク、そして薬味やハーブが口の中で1つにまとまります。

□ 差し入れ用の包み方

a　切り分けたロールずしを元の形にしてラップで包む。

b　ラップの上からワックスペーパーで巻く。

c　ペーパーの両端を折り返してテープでとめ、箱詰めする。

切り口の美しさも巻きずしの醍醐味。ぬれた布巾で包丁をこまめにぬらしながら切ると、きれいに切れます。

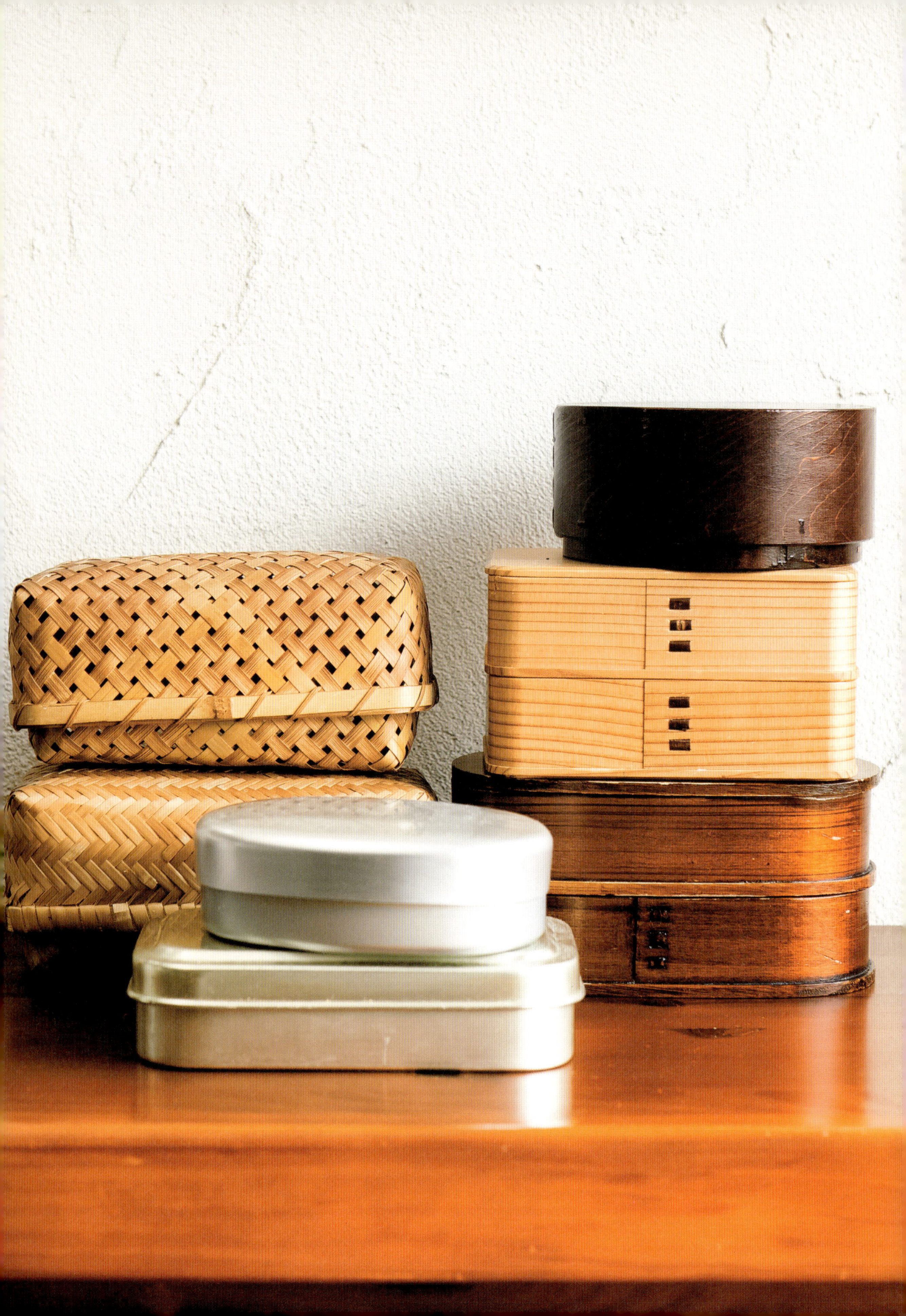

3 お弁当箱に詰める
箱詰めレッスン

食べものを詰める一番身近な箱といえば、お弁当箱。小さな箱の中におかずとご飯、フルーツなどのちょっとした甘いものまで詰め合わせます。味のメリハリと彩りで変化をつけたり、ワックスペーパーや葉もので上手に仕切ったり——これこそが箱詰めの基本。箱詰めレッスンの第一歩です。

お弁当箱 その1

箱詰めレッスン
竹かご弁当

- サーモンのナッツマスタード焼き → 67
- 野菜の浅漬け → 67
- ドライフルーツとナッツのみりん漬け → 67

詰め合わせたご飯は、あつあつご飯に刻んだ生の椎茸としめじ、イタリアンパセリを混ぜ、塩とオリーブ油で味を調えたもの。俵型のおにぎりにして。

サーモンの
ナッツマスタード焼き

◻ 材料　2人分

サーモン(切り身)‥‥2切れ
塩、酒‥‥各少々
A(すべて粗く刻む)
　ピーナッツ‥‥大さじ1/2
　アーモンド‥‥大さじ1/2
　かぼちゃの種‥‥大さじ1/2
白・黒ごま‥‥各大さじ1/2
粒マスタード‥‥大さじ1/2

◻ 作り方

1　サーモンはひと口大に切り、塩と酒をまぶす。
2　オーブンプレートにオーブンシートを敷いて1を並べ、180℃に予熱したオーブンで4分ほど焼き、裏返して2分ほど焼く(魚焼きグリルやオーブントースターで焼いてもよい)。
3　オーブンから出し、サーモンの片面に粒マスタードをぬり、Aとごまをのせてしっかり押さえ、さらに1〜2分焼く。

＊ナッツははがれないようにしっかり押しつけましょう。ごまだけのトッピングでもOK。

ドライフルーツとナッツの
みりん漬け

◻ 材料　2人分

ドライフルーツ‥‥20g
(あんず、いちじく、レーズン)
水‥‥大さじ1
ナッツ‥‥20g
(くるみ、アーモンド、カシューナッツ、かぼちゃの種)
みりん‥‥30㎖
カルダモン(つぶす)‥‥1個(あれば)

◻ 作り方

1　あんずといちじくは半分に切る。レーズンと合わせて耐熱容器に入れ、水を加え、ラップをかけずに電子レンジ(600W)で20秒加熱してふやかす。
2　1の水気を軽く取り、残りの材料を加えて混ぜ、30分以上漬ける。

＊箸休めにも前菜にも、アイスクリームを添えるとデザートにもなる、あるとうれしい一品です。

野菜の浅漬け

◻ 材料　2人分

A
　ラディッシュ‥‥2個
　にんじん‥‥1/3本
　なす‥‥1/3本
　ズッキーニ‥‥1/4本
水‥‥100㎖
塩‥‥3g
B
　青じそ(せん切り)‥‥1〜2枚分
　白ごま‥‥小さじ1
　薄口しょうゆ‥‥少々

◻ 作り方

1　水に塩を溶かす。
2　Aを厚さ1〜2mmの輪切りにし、1に10分ほど漬ける。
3　水気をしっかり絞り、Bを加えて和える。

＊野菜に直接塩をまぶすと味にムラが出やすいのですが、立て塩(3%の塩水)に漬けると、均一に塩が入ります。

□ お弁当箱 その2

箱詰めレッスン
わっぱ弁当

—レモンチキン→⑥⑨
—にんじんとかぼちゃのナムル→⑥⑨
—ナッツのバルサミコ酢キャラメリゼ→⑥⑨

ご飯には初夏の薬味（青じそ、みょうが、ねぎ）を刻んで混ぜ、ほんのり塩味に。

にんじんとかぼちゃのナムル

◻ 材料　2人分

A
| にんじん‥‥1/3本
| かぼちゃ(種とワタを取る)‥‥50g
| ズッキーニ‥‥1/2本
| 赤パプリカ‥‥1/4個

B
| しょうゆ‥‥大さじ1/2
| ごま油‥‥大さじ1/2
| 塩‥‥少々

白・黒ごま‥‥各少々

◻ 作り方

1　Aは4〜5cm長さのせん切りにする。耐熱ボウルに入れてラップをかけ、電子レンジ(600W)で2〜3分加熱する。

2　1にBを加えて和え、ごまをふる。

＊かぼちゃは加熱しすぎると崩れてしまうので、少しかための火通しに。しょうゆがメインの味付けですが、塩を少し加えると味がきゅっと引き締まります。

ナッツのバルサミコ酢キャラメリゼ

◻ 材料　2人分

ナッツ‥‥25g
(くるみ、アーモンド、カシューナッツ、かぼちゃの種など)
砂糖‥‥大さじ1/2
バルサミコ酢‥‥大さじ1/2

◻ 作り方

1　ナッツをフライパンに入れ、木べらで時々混ぜながら弱火で5分ほど乾煎りする。

2　ナッツを端に寄せ、空いたところに砂糖とバルサミコ酢を入れる。ふつふつとして半量くらいに煮詰まったら、手早くナッツにからめる。

3　熱いうちにバットなどに広げて冷ます。

＊香ばしいナッツと甘酸っぱいキャラメル風味が口いっぱいに広がります。冷めると飴状に固まるので広げて冷ましましょう。

レモンチキン

◻ 材料　2人分

鶏もも肉‥‥2枚
塩、酒‥‥各少々
片栗粉‥‥適量
植物油‥‥大さじ1/2

A
| 薄口しょうゆ‥‥大さじ1/2
| レモン果汁‥‥大さじ1/2
| 砂糖‥‥大さじ1
| しょうがのすりおろし‥‥1かけ分

B
| レモンの皮(せん切り)‥‥1/2個分
| けしの実‥‥小さじ1
| 白・黒ごま‥‥各小さじ1

グリーンカールなどの葉野菜‥‥適量

◻ 作り方

1　鶏もも肉に塩と酒をまぶす。

2　Aを混ぜ合わせる。

3　1に片栗粉を薄くまぶす。植物油をひいたフライパンを弱火にかけ、鶏もも肉の皮目を10分ほどかけてじっくり焼き、裏返して5分ほど焼く。焼き上がる直前に肉を端に寄せ、空いたところに2を入れて半量くらいに煮詰め、肉に手早くからめる。

4　火を止めて、熱いうちにBをのせ、しばらくおく。取り出して食べやすい大きさに切り分け、葉野菜を敷いて盛り付ける。

＊調味料を煮詰める時にフライパンを斜めに傾けると、熱が伝わりやすくなって、うまく煮詰まります。

お弁当箱 その3

箱詰めレッスン
お子様弁当

- お手軽オムライス →71
- いろいろショートパスタのサラダ →71

空いたすき間には、子どもたちの大好きないちごをへたを取って詰めます。色合いもぐっとよくなります。

いろいろショートパスタのサラダ

◻ 材料　4人分

ショートパスタ(数種混ぜる)‥‥40g
塩、オリーブ油‥‥各適量
ミニトマト‥‥4個
枝豆(さや付き)‥‥40g
ゆでたとうもろこし(または缶詰)‥‥40g
マヨネーズ‥‥大さじ1/2

◻ 作り方

1　ショートパスタは塩を加えた湯で、袋の表示通りにゆで、ざるにあげてオリーブ油少々をまぶす。
2　ミニトマトは4等分に切る。
3　枝豆は塩ゆでしてさやから取り出す。
4　ボウルに1、2、3、とうもろこしを入れ、マヨネーズで和える。

※子どもたちが大好きなショートパスタはお弁当にぴったり。わが家では数種類を混ぜて使うのが定番です。

お手軽オムライス

◻ 材料　1人分

ハム(スライス)‥‥1枚
ご飯‥‥茶わん1杯
トマトケチャップ‥‥大さじ1/2
卵‥‥1個
塩‥‥少々
オリーブ油‥‥小さじ1・1/2

◻ 作り方

1　ハムは1cm四方に切る。
2　温かいご飯に1、トマトケチャップ、オリーブ油小さじ1/2を混ぜる。
3　卵に塩を加え、よく溶き混ぜる。
4　フライパンに残りのオリーブ油をひいて中火にかけ、しっかり温まったら3を入れ、木べらで混ぜながら火を通す。半熟よりやや火が通ったくらいでボウルに取り出す。
5　水で軽くぬらした型に2を詰め、弁当箱にあける。4をのせ、トマトケチャップ(分量外)をかける。

※炒めないケチャップライスは時短お弁当作りの味方。オリーブ油を混ぜることでさわやかな味になります。

□ 箱詰めコラム2

箱とお皿の
盛りくらべ

器を選び、器に合わせた盛り付けを工夫することも料理の大切な一部。
箱とお皿でどれだけ印象が変わるかをお見せしましょう。

まったく同じ料理でも、箱とお皿に盛るのでは、おもしろいほど印象が変わります。箱に詰める時は、上下や左右、高さなどのバランスを整えると、きちんとした雰囲気になります。右ページの場合、テリーヌ2種類を左右対称に並べ、黒豆とえびの高さも同じくらいにそろえてあります。一方、お皿に盛る時は、あえて上下や左右、高さに変化をもたせると立体感が出ます。下の写真のように、テリーヌは左上と右下に角度を変えて盛り、黒豆は脚付きグラスに盛って高さを出し、えびを盛った小皿と対比させています。

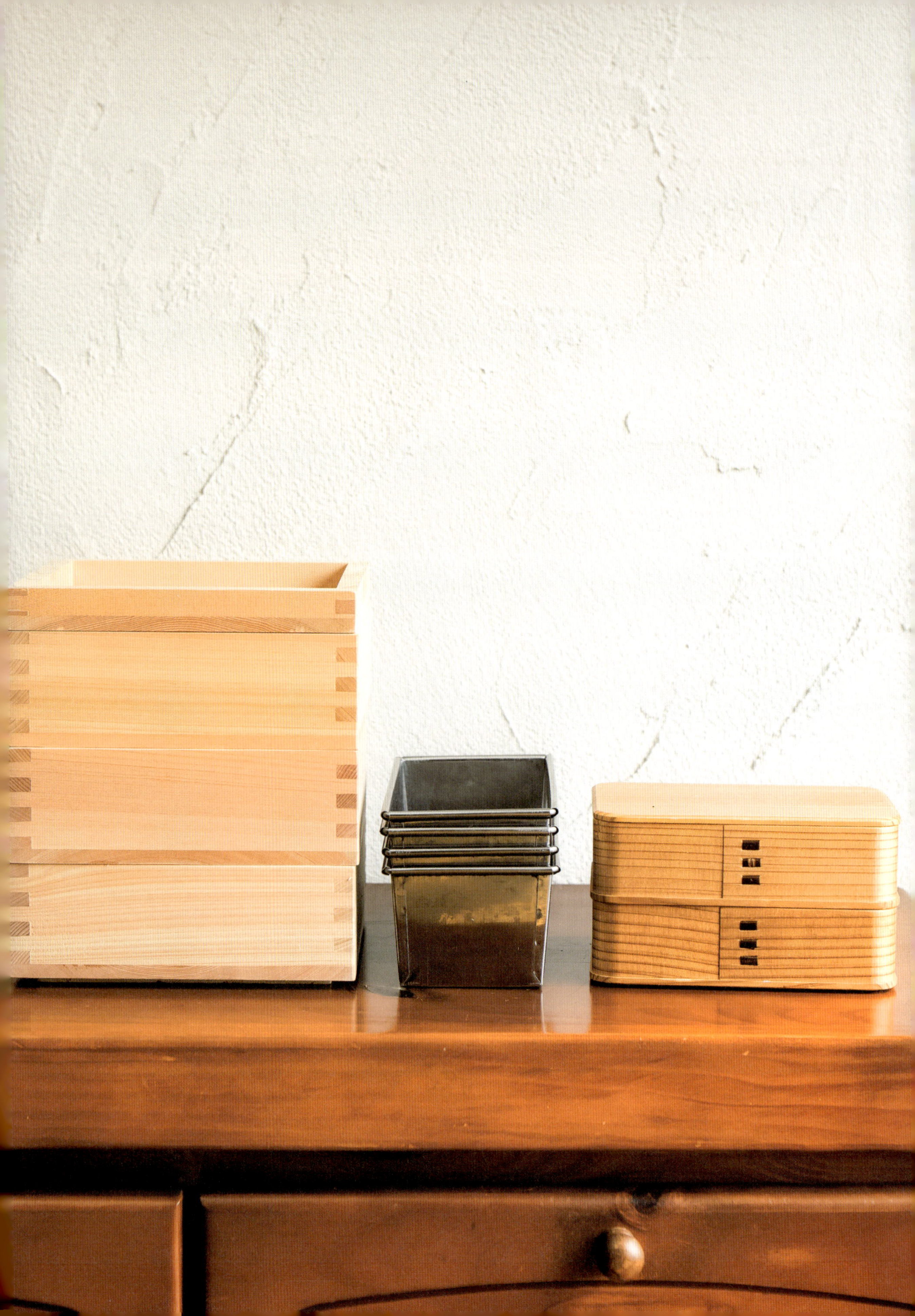

4 きっちり詰まった四角い世界

四角い箱の中に、大好きな料理をパズルのように詰めてみましょう。盛り付けも料理のうちながら、四角い箱に詰める作業は、まるでデザインワーク。時間がたつのを忘れてしまうくらい楽しくて、きっと夢中になるはずです。そして、一番の楽しみはできあがった時の眺め。整然として、想像以上に心地よいものです。

□ 四角い世界 その1

ボーダー模様のサンドイッチ

— かぼちゃとツナのパテサンド → ⑦
— 豚肉のリエットサンド → ⑦
— ドライフルーツとナッツのチーズパテサンド → ⑦

パテやリエットはクラッカーやバゲットにぬっても、サンドイッチにしても、手にとりやすいパーティフードに。ワインのお供にどうぞ。

かぼちゃとツナのパテサンド

◻ 材料　2人分

かぼちゃとツナのパテ(P.52)‥‥大さじ4
サンドイッチ用食パン‥‥4枚

豚肉のリエットサンド

◻ 材料　2人分

豚肉のリエット(P.52)‥‥大さじ4
サンドイッチ用ライブレッド‥‥4枚

ドライフルーツとナッツの チーズパテサンド

◻ 材料　2人分

ドライフルーツとナッツのチーズパテ(P.52)‥‥大さじ4
サンドイッチ用ライブレッド‥‥4枚

◻ サンドイッチ3種類の作り方

1　4枚のパンのうちの2枚に、パテやリエットをそれぞれ大さじ2ずつぬり、残りのパンをのせてサンドする。
2　食べやすい大きさにカットして、箱に詰める。

白い食パンとブラウンのライブレッドの2色を使うと、味も変化するし、こんなにキュートなボーダー柄に！　パテやリエットをパンの端まできっちりぬるのが、切り口の美しいサンドイッチのこつです。

□ 四角い世界 その2

箱で焼く お手製テリーヌ

料理教室で一番多くリクエストをもらうのが、このテリーヌ。おせちにもいいし、サラダを添えればおもてなしにもぴったり。ナッツの代わりに角切り野菜やチーズを入れるのもおすすめです。

ピスタチオのテリーヌ

□ 材料　80×175×高さ60mmのパウンド型1台分

A テリーヌ生地
　豚挽き肉‥‥200g
　鶏挽き肉‥‥100g
　玉ねぎ(みじん切り)‥‥75g
　卵‥‥1個
　塩‥‥小さじ1
　シナモンパウダー‥‥小さじ1/3
　ナツメグパウダー‥‥小さじ1/3
　ラム酒(ダーク)‥‥大さじ1
B 具材
　ピスタチオナッツ‥‥30g
　ベーコン(1cm四方)‥‥50g
　パセリ(みじん切り)‥‥1/2本分
オリーブ油(型用)‥‥少々

□ 作り方

1. ボウルにAとピスタチオナッツ以外のBを入れ(a)、手で手早く、しっかりと練り混ぜる(粘りが出るまで：b・c)。
2. ピスタチオナッツを加えてムラなく混ぜる。
3. 型にオリーブ油をぬり、2を詰める。
4. 3をオーブンプレートにのせ、まわりに湯をたっぷり注ぐ(d)。型にアルミホイルをかけ、160℃に予熱したオーブンで30〜45分、竹串を刺して透き通った肉汁が上がってくるまで蒸し焼きにする。
5. オーブンから出し、熱いうちにアルミホイルの上から重しをのせ(e)、冷ます。粗熱が取れたら重しを取り、冷蔵庫で3〜4時間冷やして落ち着かせる。
6. 型から取り出し、1〜2cm厚さに切り分ける。サラダ(分量外)を添えて盛り付けてもよい。

※テリーヌ作りの一番のこつは、挽き肉生地を粘りが出るまでよく混ぜること。しっとりとジューシーな仕上がりになります。

□ 四角い世界 その3

真ごころを箱詰め 手まりずし

まぐろのづけ手まりずし →82
鯛の昆布締め手まりずし →82
薬味とイクラ手まりずし →82
ハーブ手まりずし →83
アスパラ手まりずし →83
桜塩手まりずし →83

四角い箱の中に、小ぶりで丸い手まりずしの行列。箱の直線的な輪郭と白木の木地が、手まりずしのやわらかな色合いと愛らしい姿を際立ててくれます。具材別にお行儀よく並べるのもよし、色とりどりにランダムに並べるのもよし。四角い箱に詰めると、どんな風に詰めても絵になるから不思議です。

ひのきの白木の重箱は保湿力が高く、ご飯や酢飯が驚くほどにしっとりと保たれます。

まぐろのづけ手まりずし

□ 材料　4個分
まぐろのづけ(P.98)‥‥4切れ
酢飯(P.99)‥‥1/3合分(約120g)

□ 作り方
1　酢飯は4等分する。
2　手のひらにラップを広げ、中央にまぐろのづけをのせ、その上に1をのせる(a)。てるてる坊主の要領で、ラップで包んで根元をねじって丸く整える(b)。

＊づけなどのお刺身はラップで、薬味やハーブのすしはさらしで丸めます。生ハムやスモークサーモンをのせてもOK。

鯛の昆布締め手まりずし

□ 材料　4個分
真鯛の昆布締め(P.98)‥‥4切れ
酢飯(P.99)‥‥1/3合分(約120g)
木の芽‥‥4枚

□ 作り方
1　酢飯は4等分する。
2　まぐろのづけの手まりずし(上記)と同じ要領で、真鯛の昆布締めと酢飯を丸く整え、木の芽をのせる。

薬味とイクラ手まりずし

□ 材料　4個分
青じそ‥‥1枚
みょうが‥‥1/2本
万能ねぎ‥‥1/2本
酢飯(P.99)‥‥1/3合分(約120g)
イクラ‥‥適量

□ 作り方
1　青じそ、みょうが、万能ねぎはみじん切りにし、酢飯に混ぜる。
2　1を4等分し、ぬらして固く絞ったさらしで包み(a)、根元をねじって丸く整え(b)、イクラをのせる。

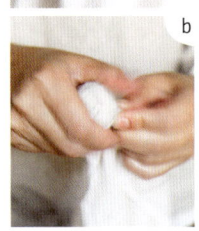

ハーブ手まりずし

◻ 材料　4個分
イタリアンパセリ‥‥1/2本
ディル‥‥1/2本
酢飯(P.99)‥‥1/3合分(約120g)

◻ 作り方
1　イタリアンパセリとディルはみじん切りにし、酢飯に混ぜる。
2　1を4等分し、さらしで丸く整える(右ページ下参照)。ディル(分量外)をのせてもよい。

アスパラ手まりずし

◻ 材料　4個分
アスパラガス‥‥1本
酢飯(P.99)‥‥1/3合分(約120g)

◻ 作り方
1　アスパラガスは根元のかたい皮をピーラーでむき、1分ほど塩ゆでする。1cm幅に切って酢飯に混ぜる。
2　1を4等分し、さらしで丸く整える(右ページ下参照)。

桜塩手まりずし

◻ 材料　4個分
桜の花の塩漬け‥‥10g
酢飯(P.99)‥‥1/3合分(約120g)

◻ 作り方
1　桜塩：桜の花の塩漬けは水に浸して軽く塩抜きする。水気を切って耐熱容器に入れ、ラップをせずに電子レンジ(600W)で1〜2分加熱してパリパリに乾燥させる。すり鉢で粉状にする。
2　酢飯は4等分し、さらしで丸く整える(右ページ下参照)。頭に1をまぶす。

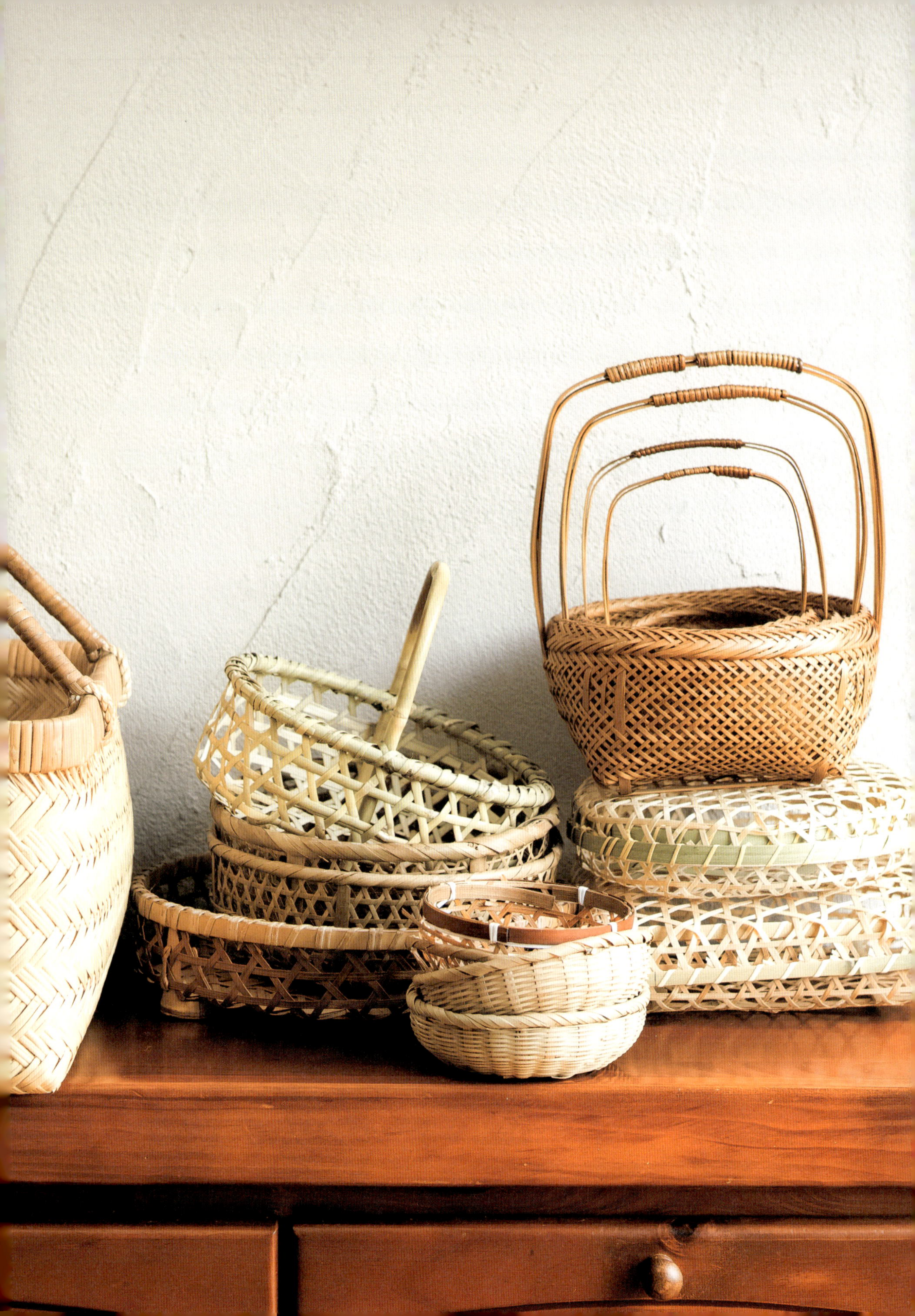

5 かごに詰める

かごは箱に負けないくらい料理との相性がいい入れものです。あたたかみのある手編みのかごは、食卓になんともたおやかで、やさしい雰囲気をもたらしてくれます。お菓子でも、おにぎりでも、どんなものでもすてきに見せてくれる——かごにはそんな包容力があるような気がします。

□ かご その1

手みやげの
かご詰め菓子

― 5種類の彩りサブレ→⑧⑦
― きなこの
　ポルボローネ風→⑧⑧
― グラノーラ→⑧⑨

焼き菓子をプラスチックのカップや透明の袋に入れ、かごに詰め合わせて手みやげに。素朴なお菓子ほど、かごによく合います。

86

5種類の彩りサブレ

□ **材料** 30枚分

薄力粉‥‥200g
有塩バター‥‥100g
砂糖‥‥60g
卵(Mサイズ)‥‥1個
A カシューナッツ&ストロベリーサブレ
　カシューナッツ‥‥15g
　ストロベリーパウダー(市販)‥‥少々
B あられ&抹茶サブレ
　ぶぶあられ‥‥大さじ2
　抹茶‥‥少々
C 青海苔サブレ
　青海苔‥‥小さじ1
D かぼちゃサブレ
　かぼちゃパウダー‥‥大さじ1(8g)
　かぼちゃの種‥‥適量
E ブラックココア&ピンクペッパーサブレ
　ブラックココア(無糖)
　　‥‥大さじ1/2(4g)
　ピンクペッパー‥‥適量

□ **作り方**

1. ボウルに常温にもどした有塩バターを入れ、スプーンや木べらで混ぜてやわらかくする。
2. 砂糖を加えてよく混ぜる。
3. 卵を溶きほぐし、3回に分けて2に加えて泡立て器で混ぜる。完全に混ざってから次の分を加えること。
4. 薄力粉を加えてゴムべらでさっくり混ぜ、粉気がなくなったら5等分し、以下A〜Eを混ぜて5種類の生地を作る。A・粗く刻んだカシューナッツ、B・ぶぶあられ、C・青海苔、D・かぼちゃパウダー、E・ブラックココア。
5. 各生地を手で転がして4cm太さの筒状にし、ラップで包んで冷蔵庫で30分以上休ませる。
6. 各生地を6等分の輪切り(6〜7mm厚さ)にし、Dにはかぼちゃの種、Eにはピンクペッパーをのせる。
7. オーブンプレートにオーブンシートを敷き、6を並べ、170℃に予熱したオーブンで20〜30分焼く。真ん中を指で押してみて、かたくなっていれば焼き上がり。
8. ケーキクーラーに移し、温かいうちにAの表面の半分にストロベリーパウダーを、Bの表面の半分に抹茶を茶漉しでかける(紙で半分覆ってかける)。

＊同じ生地にさまざまなフィリングやトッピングをして彩りや風味の違いを楽しみましょう。トッピングのパウダー類は、温かいうちにかけるときれいに落ち着きます。

きなこのポルボローネ風

材料　12個分

きなこ‥‥20g
薄力粉‥‥80g
バター（食塩不使用）‥‥50g
塩‥‥ひとつまみ
粉糖‥‥30g
抹茶‥‥小さじ1

作り方

1. フライパンに薄力粉を入れ、時々木べらで混ぜながら弱火で10分ほど煎る。きなこを加え、香りが立ってくるまで煎り、粗熱を取る。
2. ボウルに常温にもどしたバターを入れ、スプーンや木ベラで混ぜてやわらかくする。
3. 2に粉糖を加えてよく混ぜ、1、隠し味に塩を加え、粉気がなくなるまでさっくり混ぜる。
4. 生地を2等分し、半分には抹茶を混ぜる。
5. 各生地を6等分し、指で写真のような四角い形に整える。
6. オーブンプレートにオーブンシートを敷き、5を並べる。150℃に予熱したオーブンで15～20分焼く。
7. ケーキクーラーに移し、温かいうちに茶漉しで粉糖（分量外）をふる。

＊ポルボローネはスペインの焼き菓子。頬張ると口の中でほろほろと崩れる食感が魅力です。本来はアーモンドプードルとラードで作りますが、きなことバターでもおいしく仕上がります。

グラノーラ

□ 材料　4人分

玄米フレーク‥‥25g
オートミール‥‥25g
ナッツ‥‥20g
（かぼちゃの種、ひまわりの種など）
ドライフルーツ‥‥20g
（レーズン、マンゴー、パパイヤ、パイナップルなど）
全粒粉‥‥15g
ココナッツファイン‥‥10g
菜種油‥‥大さじ1
はちみつ‥‥大さじ1

□ 作り方

1. 玄米フレークは手で軽く砕く。大きなナッツやドライフルーツは小さく刻む。
2. ボウルにドライフルーツ以外の材料を入れ、スプーンか木べらでさっくり混ぜる。
3. オーブンプレートにオーブンシートを敷き、2を広げる。150℃に予熱したオーブンで軽く色づくまで20～30分焼く。焼きムラができないように途中で3～4回混ぜる。
4. オーブンから出してドライフルーツを混ぜ、オーブンプレートに広げたまま冷ます。

＊ナッツやドライフルーツは好みのものでお試しください。ドライフルーツは焦げやすいので、焼いてから混ぜます。

□ かご その2

秋のかご盛り
オードブル膳

- クリームチーズボール → 92
- ジーマーミ豆腐 → 93
- キヌアと枝豆とミニトマトのサラダ → 93
- 鶏肉とさつまいものハニーマスタードソース → 94
- 薬味とイクラの手まりずし → 95
- ハーブ手まりずし → 82

小皿や小鉢、グラスなどを使ったかご盛りオードブル膳です。それぞれの料理を大皿に盛り付けるのとは、また違った演出ができます。メインの料理は大皿に、オードブルはお1人ずつ、かご盛りに。こういう前菜って、なんだかわくわくしませんか？

クリームチーズボール

□ 材料　4個分

クリームチーズ‥‥60g
A
　くるみ‥‥10g
　アーモンド‥‥10g
　ドライあんず‥‥10g
　レーズン‥‥10g
白・黒ごま‥‥各大さじ1/2

□ 作り方

1　クリームチーズは4等分してボール状に丸める。
2　Aは粗く刻む。
3　1に2とごまをびっしりまぶし、竹串を刺す。

＊ナッツの香ばしさ、ドライフルーツの甘酸っぱさがクリームチーズと好相性。ボール状にせず、容器に詰めればパテ（P.52）になります。

おもてなしのお膳に、紅葉したもみじの葉を1枚あしらうだけで、一気に秋の雰囲気に。春には山菜、夏には庭先のブラックベリーの葉、冬には南天などをあしらって、季節感を楽しみます。

ジーマーミ豆腐

□ 材料　4人分
(140×110×高さ47mmの角型1台分)

ピーナッツペースト(無糖)‥‥30g
水‥‥350〜400㎖
葛粉‥‥30g
片栗粉‥‥10g
A ピーナッツだれ
　ピーナッツペースト(無糖)‥‥大さじ1
　砂糖‥‥大さじ1
　しょうゆ‥‥大さじ1
　水‥‥大さじ1/2

□ 作り方

1　葛粉はすり鉢ですって粗いかたまりを細かくする。
2　鍋にピーナッツペーストと分量の水の一部(少量)を入れてよく混ぜる。残りの水、1、片栗粉を加え、中火にかける。木べらでゆっくり混ぜながら加熱し、ふつふつしてきたら全体をしっかり混ぜ、ピーナッツの香りがしてくるまで練る。
3　型の内側をさっと水でぬらし、2を流し入れる。氷水に当てて冷やし固める。
4　Aを混ぜてピーナッツだれを作る。
5　3を型ごと水に沈め、水中で豆腐を取り出す。水気を切って4等分に切り分ける。器に盛り、4をかける。飾りに葉をあしらってもよい。

＊沖縄名物のピーナッツ豆腐。手作りならではのもっちり感が思わずくせになるはず。角型の代わりにココット型や小さなカップで固めて、スプーンですくって食べるのもおすすめ。

キヌアと枝豆とミニトマトのサラダ

□ 材料　4人分

キヌア‥‥25g
枝豆‥‥50g
ミニトマト‥‥2〜3個
きゅうり‥‥1/2本
アボカド‥‥1/4個
イタリアンパセリ‥‥1〜2本
A
　塩‥‥2つまみ
　酢‥‥小さじ1
　オリーブ油‥‥大さじ1/2
すだち‥‥1個

□ 作り方

1　キヌアは10分ほどゆで、ざるにあげる。
2　枝豆は2分ほどゆで、さやから取り出す。
3　ミニトマトは4等分に切り、きゅうりとアボカドは1cm角に切る。
4　イタリアンパセリはみじん切りにする。
5　ボウルに1、2、3を入れ、Aをかけて和え、4も混ぜる。
6　器に盛り、イタリアンパセリの葉(分量外)をあしらい、4等分のくし形に切ったすだちを添える。

※栄養価が非常に高く、プチプチ、もちっとした食感が魅力的な雑穀、キヌア。水分を吸いやすいため、和える前に水分をしっかり切っておきましょう。

鶏肉とさつまいもの ハニーマスタードソース

□ 材料　4人分

鶏もも肉‥‥2枚
塩‥‥小さじ1/2
酒‥‥大さじ1/2
さつまいも‥‥50g
エリンギ‥‥2本
赤・黄パプリカ‥‥各1/8個
オリーブ油‥‥大さじ1/2
A ハニーマスタードソース
　粒マスタード‥‥大さじ1
　はちみつ‥‥大さじ2
　有塩バター‥‥10g

□ 作り方

1　鶏もも肉に塩と酒をまぶす。
2　さつまいもは7～8mm厚さの輪切りにし、水からゆでて火を通す。
3　エリンギとパプリカはひと口大の乱切りにする。
4　フライパンにオリーブ油をひき、1を皮目から弱火で10分ほど焼き、焼き色がしっかりついたら裏返し、3分ほど焼いたら肉を端に寄せ、2と3を入れて2分ほど炒める。
5　鶏肉を取り出して食べやすい大きさに切り、その他の具材と一緒に器に盛る。
6　耐熱容器にAを入れ、ラップをかけずに電子レンジ(600W)で10～20秒ほど加熱し、混ぜてソースにする。これを5にかける。

＊電子レンジでさっと温めるだけで、甘みとコクのあるハニーマスタードソースのでき上がり。肉料理はもちろん、魚料理やゆで野菜などにも合います。

P.90で盛り合わせた手まりずし。ひと口サイズのプチずしなら、オードブルにもぴったりです。

かご その3

かご盛りの
ちらしずし

テーブルが一気に華やぐこのちらしずしは、わが家ではお祝いごとやおもてなしの定番料理です。かごに盛ると、なごやかでやさしい雰囲気に。具材の色合いを意識しながら盛り付けましょう。

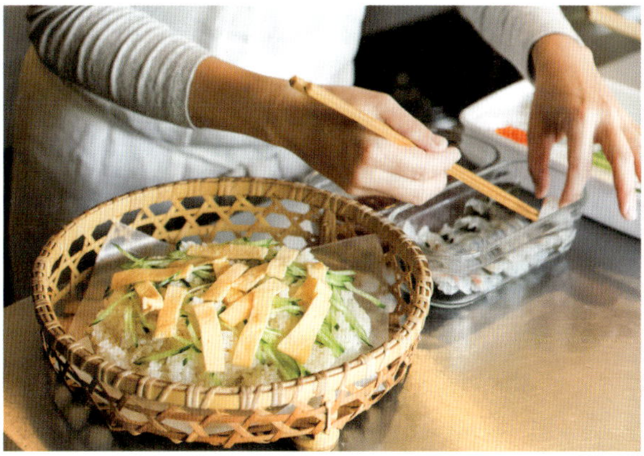
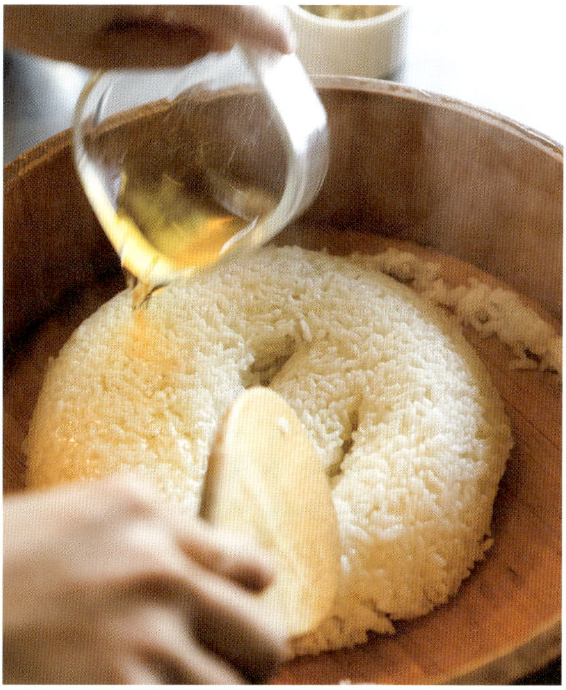
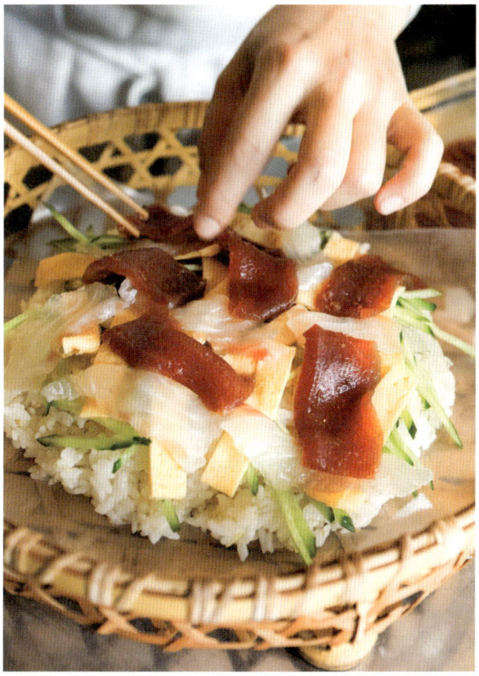
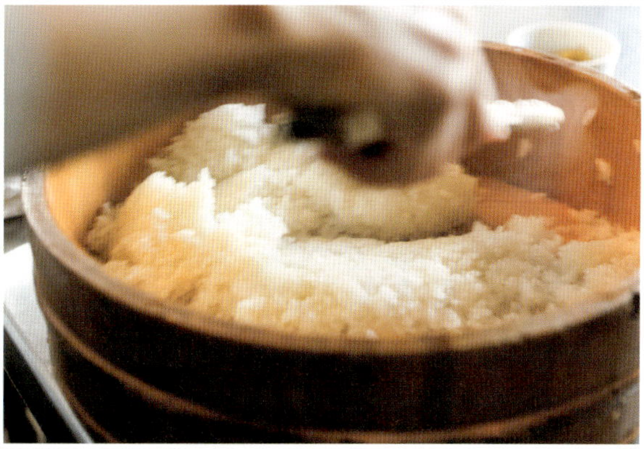
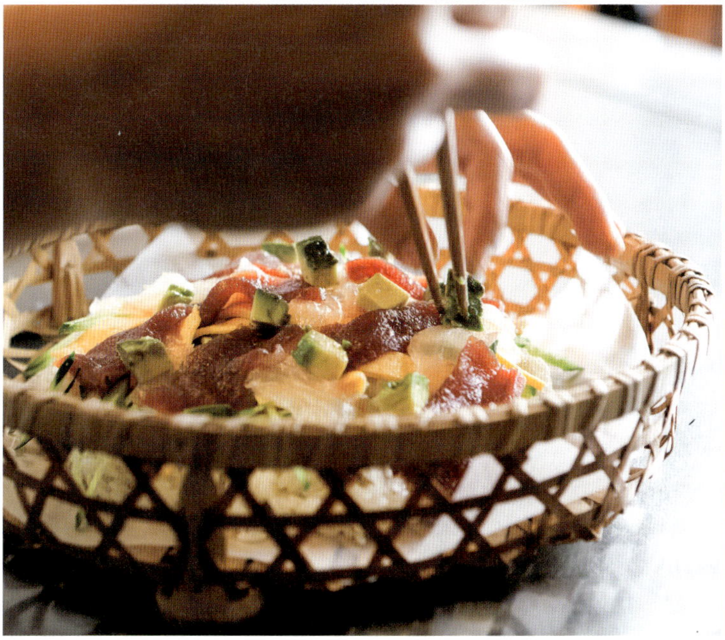
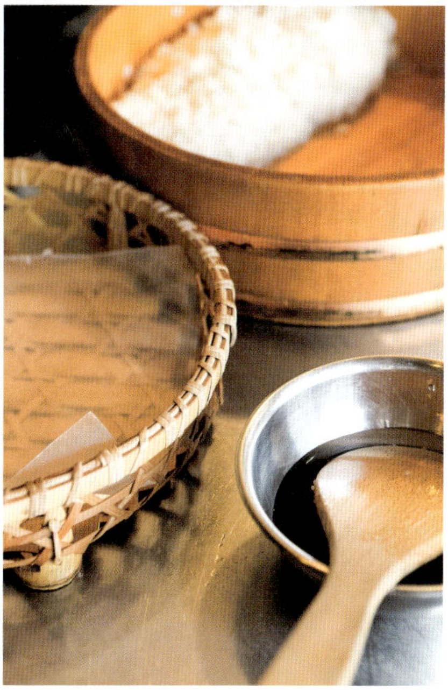

真鯛の昆布締め

◻︎材料　4人分

真鯛(刺身用さく)‥‥80g
昆布‥‥3枚
塩‥‥少々
酒‥‥適量

◻︎作り方

1　昆布3枚に酒をふりかけ、しばらくおく。
2　昆布の1枚をバットなどに敷き、塩をふる。
3　真鯛はそぎ切りにし、半量を2の上に並べ、塩をふる。
4　3の上に昆布を1枚のせ、塩をふり、その上に残りの真鯛を並べ、塩をふる。残りの昆布をのせ、冷蔵庫で15分以上おく。

＊昆布締めは実は手軽に作れます。昆布の風味がしっかり真鯛に移り、まぐろのづけと同様にうまみが増し、しっとり、もっちりした食感に。

まぐろのづけ

◻︎材料　4人分

まぐろ(刺身用さく)‥‥80g
A
　しょうゆ‥‥小さじ1
　みりん‥‥小さじ1
　酒‥‥小さじ1
　しょうがのすりおろし‥‥1/2かけ分

◻︎作り方

1　まぐろはそぎ切りにし、バットなどに並べる。
2　Aを混ぜて1にかけ、冷蔵庫で15分以上漬ける。

＊づけにすることでまぐろのうまみが増し、しっとり、もっちりした食感になります。

薄焼き玉子

□ 材料　4人分

卵‥‥1個
砂糖‥‥小さじ1
植物油‥‥少々

□ 作り方

1. ボウルに卵を割り入れ、菜箸で切るように混ぜて卵白と卵黄をしっかり混ぜる。砂糖を加えてさらに混ぜる。
2. フライパンに植物油を薄くひき、弱火にかける。温まったら1を流して全体に広げる。表面が乾く一歩手前で端を持ち上げて半分に折り、すぐにまな板の上に取り出す。
3. 冷めたら1cm幅に切る。

＊しっとりとおいしく、きちんと存在感のある薄焼き玉子です。ポイントは焼きすぎないこと、そして幅を広めに切ること。

ちらしずし

□ 材料　4人分

まぐろのづけ(右ページ)
真鯛の昆布締め(右ページ)
薄焼き玉子(上記)
アボカド‥‥1/2個
酢‥‥少々
きゅうり‥‥1/2本
青じそ‥‥3枚
万能ねぎ‥‥1〜2本
イクラ‥‥適量
刻み海苔‥‥適量
酢飯(右記)

□ 作り方

1. アボカドは1cm角に切り、酢をかける。
2. きゅうりと青じそはせん切りにし、万能ねぎは小口切りにする。
3. かごにワックスペーパーを敷き、酢飯を広げて盛る。
4. 具材を次の順番に酢飯の上にのせる。きゅうり→薄焼き玉子→真鯛の昆布締め→まぐろのづけ→アボカド→青じそ→万能ねぎ→イクラ→刻み海苔。

＊ひとつひとつの具材をていねいに下ごしらえすると、確実においしさがアップ。下の具材が少し見えるように具材を重ねていくのがポイントです。

酢飯

□ 材料　4人分

炊きたてご飯‥‥2合分
A
　酢‥‥40㎖
　砂糖‥‥14g
　塩‥‥7g
白ごま‥‥大さじ1・1/2
しょうが(みじん切り)‥‥大さじ1・1/2

□ 作り方

1. Aを混ぜる。
2. 飯台に炊きたてご飯を入れ、1をまわしかける。しゃもじで切るように混ぜて全体に広げ、うちわで一気にあおぐ。
3. 白ごまとしょうがを加えて混ぜる。

＊わが家の酢飯は白ごまとしょうが入り。甘すぎず、とても食べやすく、飽きのこない味わいが自慢です。

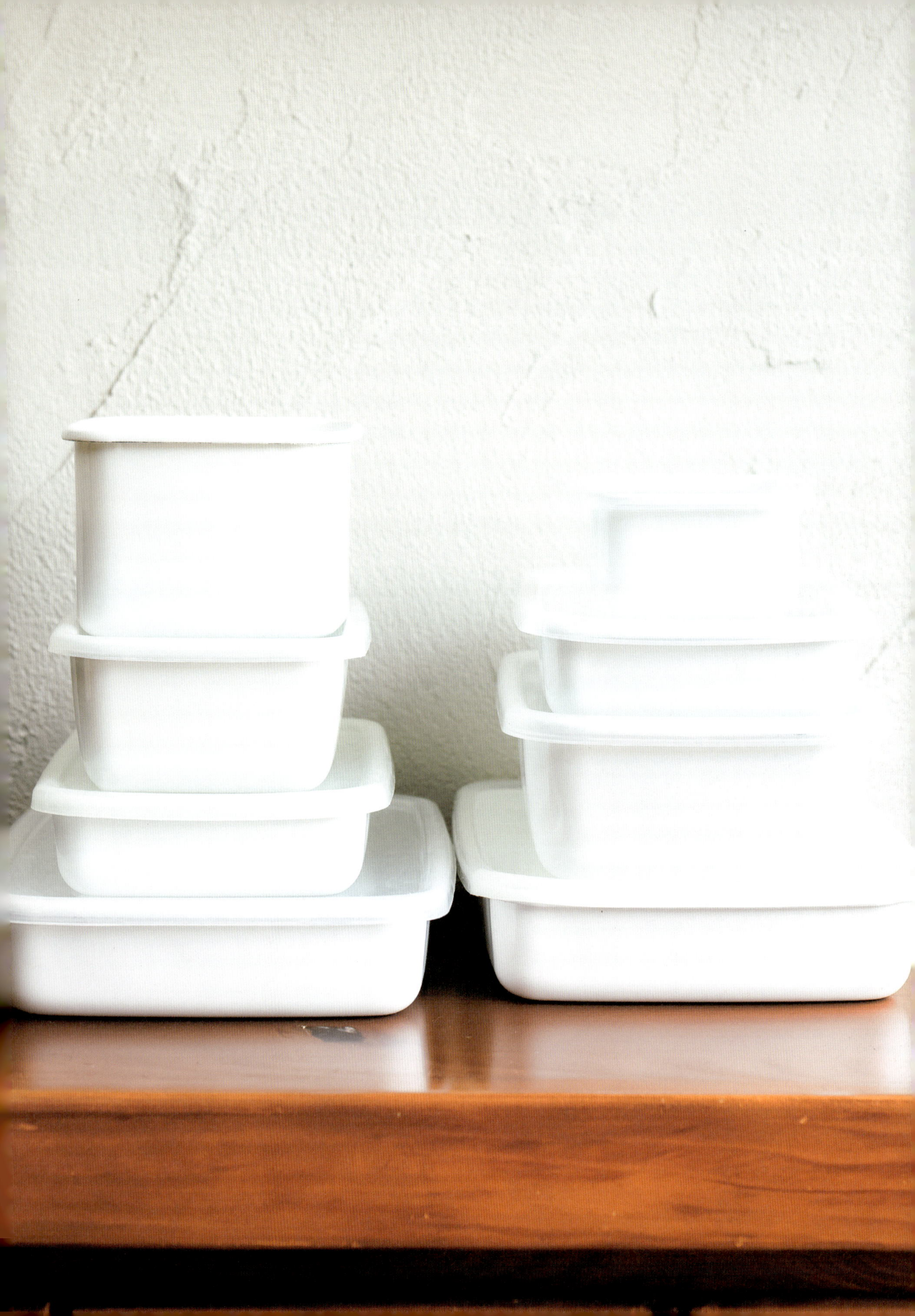

6 ほうろう容器に詰めて持ち寄り

やわらかな白色のほうろう容器は、清潔感があって、大好きな台所道具。日々の料理の下ごしらえ、作り置き料理の保存などに重宝します。シンプルで丸みのある形は、テーブルにそのまま出しても様になり、直火やオーブンにもかけられて、専用のふたも付いているので、実は持ち寄りパーティにもってこい。どんな料理もおいしく引き立ててくれる演出家です。

□ ほうろう容器

ほうろう容器で持ち寄りパーティ

直火にもオーブンにもかけられるほうろう容器は、持ち寄りパーティに重宝します。事前に仕込んでおいて、持ち寄り先でふたを取って、直火にかけたり、オーブンに入れたり。でき立てのおいしさが楽しめます。焼き浸しは、持って行く間にもいっそう味がしみます。

― ワンタンラザニア → 104

― ゴーヤーとパプリカの焼き浸し → 106

― 押し麦と野菜のグラタン → 107

― お手軽参鶏湯(サムゲタン) → 108

103

ワンタンラザニア

ほうろう容器 その1

□ 材料　4〜6人分
（188×252×高さ48mmのほうろう容器1台分）

ワンタンの皮‥‥30枚

▼ミートソース
合い挽き肉‥‥300g
塩‥‥小さじ1/2
酒‥‥大さじ1/2
玉ねぎ‥‥150g
A
　｜エルブ・ド・プロヴァンス‥‥小さじ1/2
　｜カットトマト（缶詰）‥‥200g
　｜水‥‥75mℓ
B
　｜トマトケチャップ‥‥大さじ1/2
　｜中濃ソース‥‥大さじ1/2
オリーブ油‥‥大さじ1・1/2

▼ホワイトソース
有塩バター‥‥50g
薄力粉‥‥60g
牛乳‥‥600mℓ
ローリエ‥‥1枚
塩‥‥小さじ1/2

▼仕上げ
ピザ用チーズ‥‥適量
ローズマリー‥‥適量

＊ワンタンの皮で気軽にラザニア作りに挑戦してください。えっ!? ワンタン？ 集まったみんなもきっと驚くはず。皮が型のサイズに合わなければ、重ねて敷き詰めれば大丈夫。

□ 作り方

▼ミートソースを作る

1　合い挽き肉に塩と酒をまぶす。玉ねぎはみじん切りにする。

2　フライパンにオリーブ油を熱し、玉ねぎを弱火でしんなりするまで5分ほど炒める。

3　挽き肉、Aを加え、弱火で7〜8分ほど煮る。煮上がりにBを加え、味をみて塩（分量外）を足す。

▼ホワイトソースを作る

4　鍋にバターを入れて弱火にかける。溶けてきたら薄力粉を加え、泡立て器で軽く混ぜて全体をなじませる。

5　ふつふつしてきたら、牛乳の半量、ローリエを加え、泡立て器で軽く混ぜながら温める。沸いてきたら、しっかり混ぜてなめらかにする。

6　残りの牛乳を加え、軽く混ぜながら温める。再び沸いたら、しっかり混ぜてなめらかにして、塩で味を調える。

▼仕上げる

7　ほうろう容器にオリーブ油（分量外）をぬる。

8　ワンタンの皮を敷き詰める（端が重なっても気にせずに）。ホワイトソースを薄く広げ、ミートソースを薄く重ねる。

9　8を5回繰り返し、ピザ用チーズを散らし、ローズマリーをのせる。

10　持ち寄り先でローズマリーをいったん外し、190℃に予熱したオーブンで表面に焼き色がつくまで20〜30分焼く。ローズマリーをのせてテーブルへ。

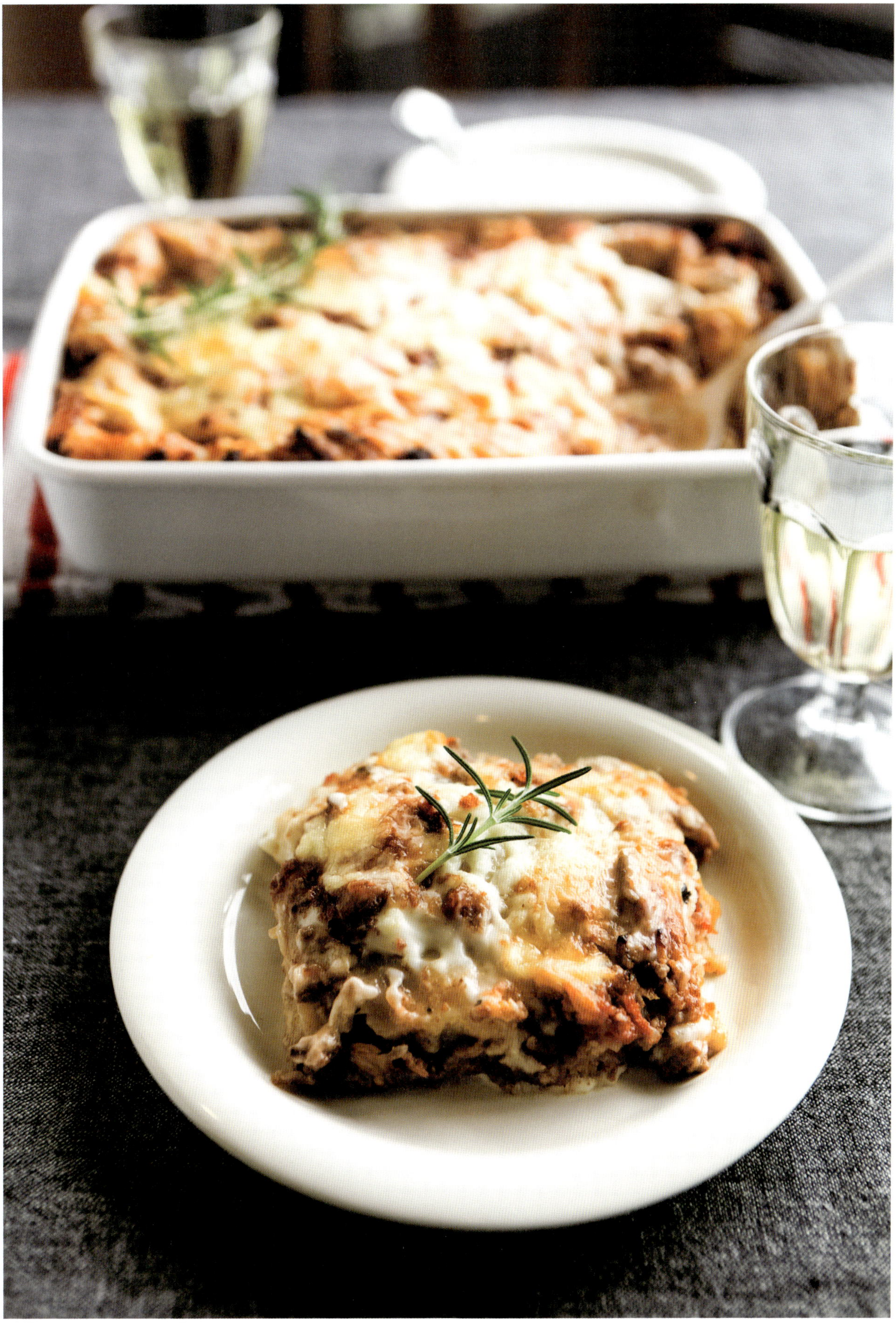

ゴーヤーとパプリカの焼き浸し

ほうろう容器 その2

材料 4人分
（145×208×高さ44mmのほうろう容器1台分）

- ゴーヤー‥‥1/3本
- 赤・黄パプリカ‥‥各1/2個
- なす‥‥1本
- かぼちゃ（種とワタを取る）‥‥100g
- アスパラガス‥‥3本
- 植物油‥‥大さじ2～3
- A
  - しょうゆ‥‥大さじ1弱
  - 酢‥‥大さじ1弱
  - 砂糖‥‥大さじ1弱
  - しょうがのすりおろし‥‥1かけ分
- 花椒（ホアジャオ）‥‥少々（あれば）

作り方

1. ゴーヤーは種とワタを取り、7～8mm厚さの輪切りにする。パプリカとなすは細長い乱切りにし、なすは色が変わらないように水に浸ける。かぼちゃは薄いくし形に切る。アスパラガスは根元のかたい皮をピーラーでむき、3等分の長さに切る。
2. フライパンにゴーヤーとかぼちゃを並べ、植物油の半量をまぶす。弱火で7～8分かけて両面ともじっくり焼く。
3. 2に他の野菜を加えて残りの植物油をまぶし、両面にほんのり焼き色がつくまで中火で3～4分焼く。ほうろう容器に移す。
4. Aを混ぜ合わせ、3が熱いうちにかけ、30分ほどおいて味をなじませる。すり鉢ですった花椒をかける。

＊仕込んでお呼ばれ先に持って行くと、着く頃には味がほどよくなじみます。しょうがと花椒の代わりにゆずこしょうもおすすめ。

ほうろう容器 その3

押し麦と野菜のグラタン

□ 材料　4〜6人分
(188×252×高さ48mmのほうろう容器1台分)

押し麦‥‥50g
A
　ズッキーニ‥‥1本
　じゃがいも‥‥中1個
　かぼちゃ(種とワタを取る)‥‥100g
　玉ねぎ‥‥中1/2個
　ミニトマト‥‥3〜4個
オリーブ油‥‥小さじ1
ベーコン(スライス)‥‥2〜3枚
塩‥‥少々
ホワイトソース(P.104)
　‥‥P.104の4/5量
ピザ用チーズ‥‥適量
ローズマリー‥‥適量

□ 作り方

1. 鍋に押し麦を入れ、たっぷりの水を注いで10分ほどゆでる。ざるにあげておく。
2. Aは1cm角に切り、ズッキーニ、じゃがいも、かぼちゃは電子レンジ(600W)で2〜3分加熱する。玉ねぎはオリーブ油をひいたフライパンでさっと炒める。すべてに塩をふる。
3. ベーコンは1cm四方に切る。
4. 2、3の1割は飾り用に取り置き、残りと1をホワイトソースに混ぜる。
5. ほうろう容器にオリーブ油(分量外)をぬり、具材入りホワイトソースを流す。飾り用具材を散らし、ピザ用チーズをのせ、ローズマリーものせる。
6. 持ち寄り先でローズマリーをいったん外し、190℃に予熱したオーブンで表面に焼き色がつくまで20〜30分焼く。ローズマリーをのせてテーブルへ。

＊押し麦のプチプチ感が楽しいグラタンです。飾り用の野菜を彩りよく並べると、焼き上がりがぐんと華やかになり、場が盛り上がります。

お手軽参鶏湯（サムゲタン）

ほうろう容器 その4

材料　2人分
（188×252×高さ48mmのほうろう容器1台分）

- 鶏もも肉‥‥1枚
- 鶏手羽先‥‥4本
- 塩、酒‥‥各少々
- もち米‥‥1/2合
- ごぼう(乱切り)‥‥50g
- にんにく‥‥1かけ
- 甘栗‥‥4個
- 水‥‥適量
- 酒‥‥50ml
- A
  - くこの実‥‥小さじ1
  - 松の実‥‥小さじ1
  - なつめ‥‥2個
- 薬味類
  - 白ねぎ(せん切り)‥‥1/2本分
  - 香菜‥‥好みで適量
  - 岩塩、黒こしょう‥‥各適量

作り方

1. もち米は洗って15分以上水に浸ける。
2. 鶏もも肉は、皮と身の間に包丁で切り込みを入れて袋状にする。手羽先とともにバットに入れ、塩と酒をまぶす。
3. 鶏もも肉に、水気を切った1、ごぼう、にんにく、甘栗を詰め、口を楊枝でとめる。入りきらなかった具材は4の鍋に直接入れる。
4. 鍋に3、かぶるくらいの水、酒を入れ、強火にかける。沸騰したら弱火にし、肉がやわらかくなるまで1〜2時間煮る。
5. 煮上がりにAを加えて火から下ろす。粗熱が取れたらほうろう容器に移し、薬味類は別の容器に入れる。
6. 持ち寄り先でほうろう容器を直火にかけて温め直す。好みで薬味、岩塩、黒こしょうをふっていただく。

＊韓国料理でおなじみの参鶏湯は、丸鶏を使わずとも、もも肉と手羽先で十分楽しめます。高麗にんじんの代わりにごぼうを使うのがポイントです。

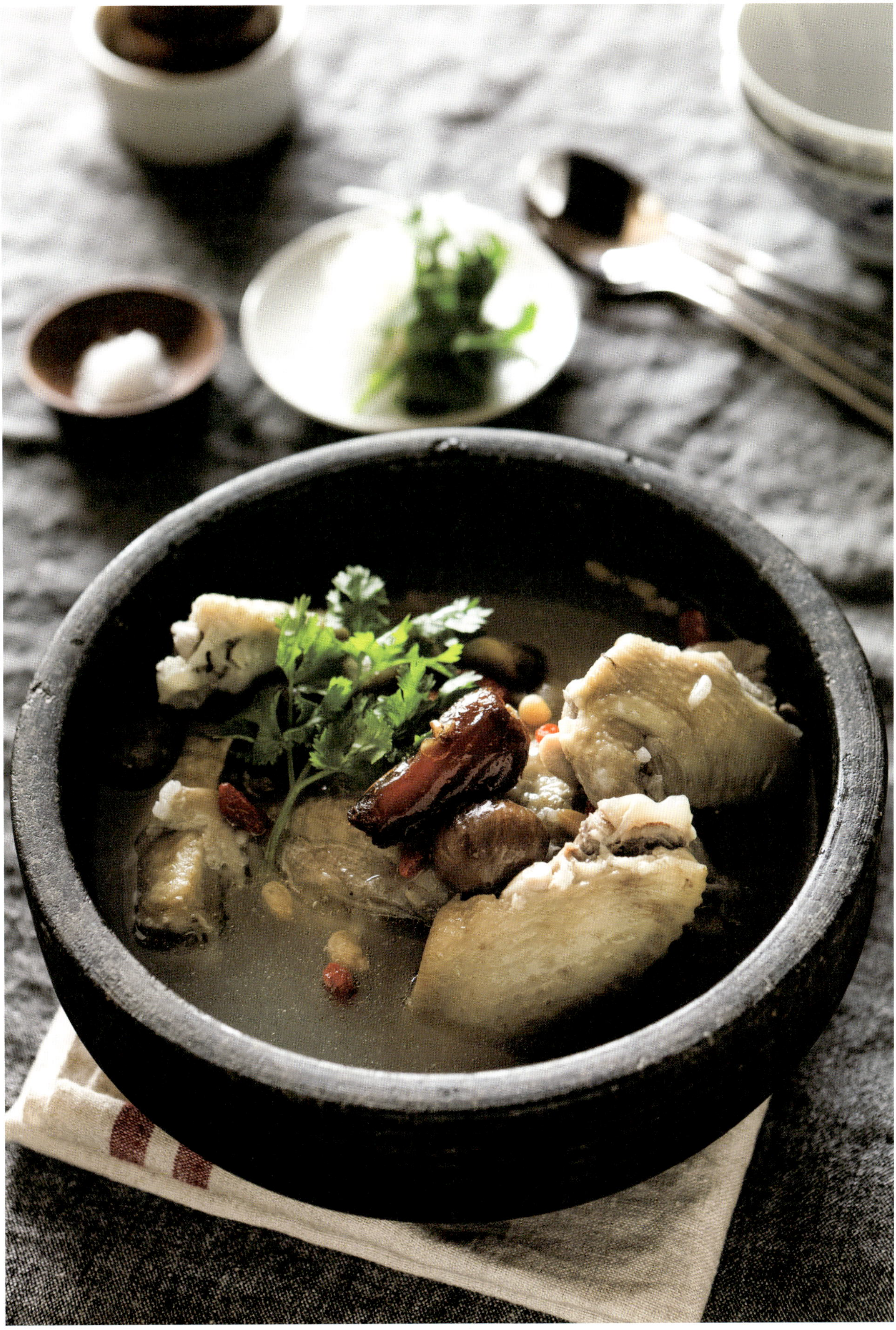

いづいさちこ

「くにたちの食卓 いづい」主宰。静岡県生まれ。オーガニックレストラン、懐石料理店、ベーカリー、料理教室のインストラクターなど、さまざまな場で働いた経験を生かし、2004年より料理教室を始める。季節の料理・お菓子のレッスンをメインに、キッズ教室や出張教室などを開催。カフェのメニュー開発、料理・お菓子の注文販売なども行う。3児の母。
http://www.kunitachinoshokutaku.com/

●協力
坂本佳奈（イラスト）
musubi くらしのどうぐの店（市場かご貸し出し）
http://www.musubiwork.jp/
世界のかご カゴアミドリ（かご貸し出し）
http://kagoami.com/

撮影／大山裕平
デザイン／片岡修一（pull/push）
編集／美濃越かおる

持ち寄り、差し入れ、おもてなし、お弁当、ピクニック、おせちまで
詰めて楽しむ箱詰め料理67品

箱詰め もてなし レシピ

2016年3月20日　発　行　　　　　　　　　　　　　　　　　　　NDC596

著　者　　いづいさちこ
発行者　　小川雄一
発行所　　株式会社 誠文堂新光社
　　　　　〒113-0033　東京都文京区本郷3-3-11
　　　　　（編集）電話03-5805-7285
　　　　　（販売）電話03-5800-5780
　　　　　http://www.seibundo-shinkosha.net/
印刷・製本　図書印刷株式会社

Ⓒ 2016, Sachiko Idui.　Printed in Japan
検印省略　禁・無断転載
落丁・乱丁本はお取り替え致します。

本書に掲載された記事の著作権は著者に帰属します。
こちらを無断で使用し、料理教室、販売、商品化を行うことを禁じます。

本書のコピー、スキャン、デジタル化等の無断複製は、著作権法上での例外を除き、禁じられています。本書を代行業者等の第三者に依頼してスキャンやデジタル化することは、たとえ個人や家庭内での利用であっても著作権法上認められません。

Ⓡ〈日本複製権センター委託出版物〉
本書を無断で複写複製（コピー）することは、著作権法上の例外を除き、禁じられています。本書をコピーされる場合は、日本複製権センター（JRRC）の許諾を受けてください。
JRRC〈http://www.jrrc.or.jp/　E-mail: jrrc_info@jrrc.or.jp　電話03-3401-2382〉

ISBN978-4-416-51695-9